Scott Foresman

Nuevas lecturas

para la fluidez y la comprensión

Glenview, Illinois • Boston, Massachusetts • Chandler, Arizona • Upper Saddle River, New Jersey

ISBN-13: 978-0-328-47813-2
ISBN-10:   0328-47813-X
7 8 9 10 11 V0UD 20 19 18 17 16

Contents

Nombre ___________________________

Lee la lectura y contesta las preguntas que le siguen.

Un día fantástico

Óscar y Ema fueron al zoológico. Su padre fue con ellos.
Era un día muy bonito. Los animales jugaban al sol.

—¡Mira! ¡Aquí están los monos! —dijo Óscar.

—¡Yo quiero ver a los leones! —dijo Ema.

—Sí, vamos —dijo Papá—. ¡Y también podemos ver a los
osos!

Los tres pasaron un día fantástico en el zoológico.

Da vuelta a la página.

Contesta las siguientes preguntas.

1 **¿Cómo se sintieron Óscar y Ema?**

○ No les gustó salir a pasear.

○ Estaban muy entusiasmados.

○ Tenían miedo de los osos.

2 **¿Dónde se desarrolla esta historia?**

○ en el zoológico

○ en la escuela

○ en la casa

3 **¿De qué se trata esta historia?**

○ de lo que hacen los monos

○ del regreso de un paseo

○ de una visita al zoológico

4 **¿Qué les gusta hacer juntos a Óscar, Ema y su papá?**

Nombre ______________________________

Lee la lectura y contesta las preguntas que le siguen.

¿Qué es eso?

A Pablo le gusta mucho el mar. Le gusta oír el sonido de las olas. Le gusta meter los pies en la arena. Le gusta ver los pájaros en el cielo.

Un día, Pablo vio una carita en el agua. La carita era de color gris oscuro. Tenía ojos negros y un hocico grande, como de perro. Pablo la veía subir y bajar entre las olas.

—¡Mira! ¡Mira! —le dijo Pablo a Mamá.

Mamá levantó la vista de su libro.

—¿Qué es eso? —preguntó Pablo.

—Es una foca —respondió Mamá—. A las focas les gusta nadar en el mar. Buscan peces para comer.

—¡A mí también me gusta nadar en el mar! —dijo Pablo.

Da vuelta a la página.

Contesta las siguientes preguntas.

1 **¿Qué palabras te dicen que el cuento se desarrolla en la playa?**

○ pies, cielo, Mamá, libro

○ mar, olas, arena, agua

○ gris, hocico, perro, negros

2 **¿Cuál de las siguientes oraciones no describe a Pablo?**

○ Le gusta mirar aves.

○ Le gusta leer libros.

○ Le gusta oír las olas.

3 **¿Cómo se sintió Pablo cuando vio la carita en el agua?**

○ enojado

○ atemorizado

○ entusiasmado

4 **¿Cuál de las siguientes oraciones describe a Mamá?**

○ Quiere que Pablo aprenda sobre los animales marinos.

○ Quiere que Pablo aprenda a nadar en el mar.

○ Quiere que la foca se aleje pronto de Pablo.

5 **¿De qué se trata principalmente esta historia?**

Nuevas lecturas   Unidad 1 Semana 1 AN

Nombre _______________________________

Lee la lectura y contesta las preguntas que le siguen.

Mi gran aventura en tren

Me encantó viajar en tren para ir a la casa de mi tía Rosa. Subí a nuestro vagón y me senté junto a la ventanilla. El tren comenzó a moverse muy despacio.

—Ya salimos, Dani —me dijo Papá.

Yo miré por la ventanilla y me pareció que los árboles se movían en sentido contrario.

—¡Boletos! ¡Boletos! —dijo un hombre de gorra y chaqueta azul.

—Él es el inspector, Dani —dijo Papá—. Les pide los boletos a los pasajeros.

El hombre sonrió y me regaló un prendedor con forma de tren.

Unas horas después, miré por la ventanilla y vi que nos acercábamos a un pequeño edificio. Cuando el tren avanzó un poco más, vi a mi tía Rosa frente al edificio. Sonreía y nos saludaba con la mano.

—Aquí nos bajamos —dijo Papá.

¡No veo la hora de viajar otra vez en tren!

Da vuelta a la página.

Nuevas lecturas Unidad 1 Semana 1 A

Contesta las siguientes preguntas.

1 **¿Dónde se desarrolla esta historia?**

- ○ en un barco
- ○ en un tren
- ○ en un avión

2 **¿Cómo se sintió Dani durante su viaje en tren?**

- ○ aburrido
- ○ asustado
- ○ animado

3 **¿Qué lección puede aprender el lector de este cuento?**

- ○ Es divertido hacer cosas nuevas.
- ○ Es importante mantenerse a salvo.
- ○ Es muy triste perder viejos amigos.

4 **¿Cómo sabes que el inspector es amable?**

____

____

____

____

5 **¿Crees que el papá de Dani es un buen padre? Explica tu respuesta.**

____

____

____

____

Nombre ______________________________

Lee la lectura y contesta las preguntas que le siguen.

Miel

Las abejas hacen miel. Vuelan de flor en flor. Las abejas extraen el néctar de las flores para convertirlo en miel. Luego llevan el néctar a su colmena. Allí hacen grandes cantidades de miel. Nosotros sacamos la miel de las colmenas. La miel es muy pegajosa. ¡Ten cuidado cuando la toques! La miel es dulce y sabrosa. ¡Gracias, abejas!

Da vuelta a la página.

Contesta las siguientes preguntas.

1 **¿Dónde hacen miel las abejas?**

○ en el aire

○ en las flores

○ en la colmena

2 **¿Cuál es la idea principal de esta lectura?**

○ La miel es dulce y muy pegajosa.

○ A las abejas les gusta mucho volar.

○ Las abejas trabajan para hacer miel.

3 **¿Qué necesitan las abejas para hacer miel?**

○ personas

○ flores

○ pasto

4 **¿Por qué crees que el autor escribió "¡Gracias, abejas!" al final de la lectura?**

____

____

____

____

Nombre _______________________________

Lee la lectura y contesta las preguntas que le siguen.

El estadio de béisbol

Un estadio de béisbol es un buen lugar para pasar la tarde. Puedes ir allí con tu familia. Puedes mirar un partido de béisbol.

Durante el partido, ves a los equipos correr por el campo. Ves cómo los jugadores golpean la pelota. Si quieres, puedes animar a tu equipo favorito. Puedes saltar de alegría cuando tu equipo logra una carrera. Puedes aplaudir a los jugadores.

A algunos les gusta comer *hot dogs* en el estadio de béisbol. A otros les gusta tomar helado. Hay personas que no comen nada en el estadio. Sólo quieren mirar el juego de béisbol.

Todo el mundo se divierte mucho en el estadio. ¡Tú también puedes hacerlo!

Da vuelta a la página.

Contesta las siguientes preguntas.

1 **¿Cuál es la razón principal por la que vamos al estadio?**

○ para tomar helado

○ para ver un partido

○ para correr y jugar

2 **El autor escribió esta lectura para**

○ sugerir una actividad divertida.

○ enseñarte a jugar al béisbol.

○ darte una sorpresa.

3 **¿De qué se trata esta lectura?**

○ cosas que puedes comer en un estadio

○ personas que juegan partidos de béisbol

○ cosas que se pueden hacer en un estadio

4 **¿Por qué gritan y aplauden las personas en el estadio de béisbol?**

○ Quieren encontrar a su familia.

○ Quieren apoyar a su equipo.

○ Quieren irse a su casa.

5 **Escribe otro título para la lectura "El estadio de béisbol".**

____

- -

____

____

- -

____

Nombre _______________________________

Lee la lectura y contesta las preguntas que le siguen.

Viaje a la Luna

¿Alguna vez has mirado el cielo para imaginar cómo sería ir a la Luna? En el verano de 1969, Neil Armstrong fue la primera persona en caminar sobre la Luna.

Armstrong voló a la Luna con otros dos hombres. Pero fue él quien dio los primeros pasos sobre su suelo. Neil Armstrong y Buzz Aldrin recogieron algunas rocas de la Luna para llevar a la Tierra. Esas rocas les dieron a los científicos mucha información importante acerca del espacio. Más tarde se hicieron nuevos viajes, y otros llegaron a la Luna. También caminaron sobre la Luna y trajeron rocas a la Tierra.

La próxima vez que mires la Luna, piensa cómo te habrías sentido si hubieras sido una de esas personas.

Da vuelta a la página.

Contesta las siguientes preguntas.

1 **¿Qué detalle apoya mejor la idea de que hay mucho que aprender de las rocas lunares?**

- ○ Neil Armstrong y Buzz Aldrin recogieron rocas.
- ○ Las rocas dan información sobre el espacio.
- ○ Neil Armstrong voló a la Luna en el año 1969.

2 **El autor probablemente escribió esta lectura para**

- ○ contar chistes acerca de la Luna.
- ○ darnos datos sobre las caminatas lunares.
- ○ hacer que la gente sienta lástima por los científicos.

3 **¿Qué título sería el más apropiado para esta lectura?**

- ○ La Luna
- ○ Científicos de rocas
- ○ La caminata de Armstrong

4 **¿De qué se trata principalmente esta lectura?**

____

____

5 **¿Por qué Neil Armstrong es una persona importante?**

____

____

____

Nombre _______________________________

Lee la lectura y contesta las preguntas que le siguen.

El azulejo

Márgara tiene una casita en el árbol de su jardín. Le gusta mucho ir allí. Le encanta quedarse leyendo en su casita del árbol.

Un día, un azulejo entró volando por la ventana de la casita.

—¿Qué lees? —preguntó el azulejo.

—Un libro sobre caballos —respondió Márgara.

—Me gustan los caballos —dijo el azulejo.

—Entonces, te leeré el libro —dijo Márgara.

Y eso hizo.

Da vuelta a la página.

Contesta las siguientes preguntas.

1 **¿Dónde se desarrolla este cuento?**

- ○ en la casita del árbol
- ○ en un gran parque
- ○ sobre un caballo

2 **¿Qué palabra describe mejor a Márgara?**

- ○ triste
- ○ divertida
- ○ amigable

3 **¿Por qué a Márgara le gusta su casita del árbol?**

- ○ Le gusta estar cerca de las nubes.
- ○ Le gusta quedarse leyendo en su casita.
- ○ Desde allí se oye mejor el canto de los pájaros.

4 **¿Te gustaría que Márgara fuera tu amiga? Explica tu respuesta.**

____
- -
____
____
- -
____
____
- -
____

Nombre _______________________________

Lee la lectura y contesta las preguntas que le siguen.

La habitación secreta

Sam, el tío de Isaac, vivía en el campo. Su casa era muy grande. Isaac y su familia vivían en la ciudad. Su casa era muy pequeña.

La familia de Isaac solía pasar el verano en casa del tío Sam. A Isaac la casa le parecía demasiado grande. Se oían ruidos extraños. La casa le daba miedo.

Un día, Isaac oyó un ruido. Se escondió bajo una mesa que estaba junto a la pared. Apenas Isaac la tocó, la pared se abrió como una puerta. Del otro lado había una habitación secreta. Estaba llena de juguetes y de libros.

Isaac comenzó a ir todos los días a la habitación secreta. La casa ya no lo asustaba. ¡Ahora le encantaba!

Da vuelta a la página.

Contesta las siguientes preguntas.

1 **¿Cómo sabes que Isaac se asustó cuando oyó el ruido?**

○ Se escondió bajo una mesa.

○ Apoyó una mano en la pared.

○ Descubrió una habitación secreta.

2 **¿Cuál de las siguientes oraciones no describe el ambiente?**

○ "Sam, el tío de Isaac, vivía en el campo."

○ "Su casa era muy grande."

○ "Un día, Isaac oyó un ruido."

3 **¿Qué pasó cuando Isaac tocó la pared bajo la mesa?**

○ La pared hizo un ruido estruendoso.

○ La pared se abrió como una puerta.

○ La pared le dio mucho miedo.

4 **¿Por qué Isaac se sintió mejor después de descubrir la habitación secreta?**

○ Nunca volvió a oír los ruidos que lo asustaban.

○ Podía quedarse todo el año en la casa del tío Sam.

○ Se divertía con los libros y los juguetes que encontró.

5 **¿Por qué crees que Isaac se asustaba en la casa de su tío Sam?**

____

____

____

____

Nombre ________________________________

Lee la lectura y contesta las preguntas que le siguen.

Un día en la playa

—Nunca he estado en una playa —dijo María. Se había mudado de Nebraska el año anterior—. No hay playas en Nebraska.

—La playa es como una feria —respondió Manuel—. ¡Está llena de sorpresas!

La madre de Manuel llevó a los niños a la playa. Cuando María pisó la arena, dio un brinco.

—¡Qué extraña se siente la arena en los pies descalzos! —dijo.

Manuel le enseñó a hacer un castillo de arena. Cuando terminaron el castillo, los niños decidieron dar una caminata por la orilla del mar. Manuel vio una sombra en el agua.

—Mira, María. Es un cardumen —dijo Manuel.

Los niños miraron el cardumen hasta que los peces se perdieron de vista.

Luego, María y Manuel se metieron en el agua. Una ola derribó a María, pero a ella no le importó.

—Tenías razón, Manuel —dijo María cuando regresaban a casa. —¡La playa es fantástica!

Da vuelta a la página.

Contesta las siguientes preguntas.

1 **¿Cómo se sintió María cuando pisó por primera vez la arena?**

○ cansada

○ sorprendida

○ acalorada

2 **¿Cuál de las siguientes oraciones describe mejor a María y Manuel?**

○ Viven en el mismo vecindario.

○ No les gusta ir a la feria.

○ Son buenos amigos.

3 **¿Cuál de las siguientes oraciones describe mejor a María?**

○ No sabe muchas cosas acerca de la playa.

○ Extraña a sus amigos de Nebraska.

○ Le gusta ir a caminar después de la escuela.

4 **Menciona una de las cosas nuevas que hizo María en la playa.**

____

- -

____

- -

____

5 **¿Te gustaría que Manuel fuera tu amigo? Explica tu respuesta.**

____

- -

____

____

- -

Nombre _______________________________

Lee la lectura y contesta las preguntas que le siguen.

¿A pie o en autobús?

Cuando hace buen tiempo, Pedro va a la escuela a pie. Tarda veinte minutos en llegar. Mientras camina, habla con sus amigos. A Pedro le gusta caminar.

Cuando hace mal tiempo, Pedro va a la escuela en autobús. El viaje dura diez minutos. Pedro se sienta junto a sus amigos y habla con ellos. En el autobús no entra el frío ni el agua.

Da vuelta a la página.

Contesta las siguientes preguntas.

1 **¿De qué se trata principalmente la lectura?**

- ○ de cómo es el viaje en autobús
- ○ de por qué es mejor ir a pie
- ○ de cómo va Pedro a la escuela

2 **¿Qué oración expresa mejor el tema del primer párrafo?**

- ○ A Pedro le gusta estar con sus amigos.
- ○ Pedro viaja en autobús durante diez minutos.
- ○ Pedro camina a la escuela cuando hace buen tiempo.

3 **¿Qué oración expresa mejor el tema del segundo párrafo?**

- ○ Pedro viaja en autobús cuando hace mal tiempo.
- ○ Pedro tarda veinte minutos en caminar a la escuela.
- ○ Pedro y sus amigos hablan mientras caminan a la escuela.

4 **A veces Pedro va a la escuela a pie y, a veces, toma el autobús.**
¿Qué tienen en común ambas formas de viajar?

____

____

____

____

____

____

     Nuevas lecturas   Unidad 1 Semana 4 IE

Nombre _______________________________

Lee la lectura y contesta las preguntas que le siguen.

Dos hermanos

Tania está contenta de tener dos hermanos. Sus hermanos se llaman Eugenio y Ale. Son diferentes y hacen cosas distintas, pero los dos son buenos con ella.

Eugenio es el hermano mayor de Tania. Es alto y tiene el pelo color café. Le gusta cantar y tocar instrumentos musicales. Eugenio es tranquilo y lee muchos libros. Es muy bueno con su hermana.

Ale es el hermano menor de Tania. Es bajito y tiene el pelo negro. Le gusta hacer deporte. Le encanta correr y saltar. Ale siempre está haciendo algo. También es muy bueno con su hermana.

Cuando Tania quiere escuchar música, pasa un rato con Eugenio. Cuando quiere hacer deporte, pasa un rato con Ale. Tania siempre está contenta cuando está con sus hermanos.

Da vuelta a la página.

Contesta las siguientes preguntas.

1 **¿De qué se trata principalmente la lectura?**

○ de los hermanos de Tania

○ del hermano favorito de Tania

○ de Ale, el hermano de Tania

2 **¿De qué se trata principalmente el segundo párrafo?**

○ de lo que hace Tania con Ale

○ de por qué Tania está contenta

○ de quién es Eugenio

3 **¿Cuál es la idea principal del tercer párrafo?**

○ Ale es el hermano menor de Tania.

○ Eugenio es tranquilo y lee muchos libros.

○ A veces, Tania quiere hacer deporte.

4 **¿De qué se trata principalmente el último párrafo?**

○ de lo que le gusta hacer a Eugenio

○ de lo que hace Tania con sus hermanos

○ de lo que le gusta hacer a Ale

5 **¿En qué se parecen Ale y Eugenio?**

____

- -

____

- -

____

Nombre _______________________________

Lee la lectura y contesta las preguntas que le siguen.

Excursión escolar

Cuando entré en el museo que visitamos durante nuestra excursión escolar, no podía creer lo que veía. Había un esqueleto de dinosaurio que era alto como una casa. Mi maestra dijo que ese animal había vivido hacía mucho tiempo.

Después pasé a otra sala del museo. Había pirámides de piedra detrás de grandes vitrinas. También había una momia de verdad dentro de una enorme caja. Parecía muy antigua.

La última sala estaba oscura. Había estrellas pintadas en las paredes. Me quedé mirando una enorme nave espacial que estaba suspendida en el aire. Mi maestra dijo que esa nave había sido la primera en viajar al espacio.

En el viaje de regreso a casa pensé en la nave espacial. ¡Quisiera volver pronto al museo!

Da vuelta a la página.

Contesta las siguientes preguntas.

1 **¿De qué se trata principalmente el cuento?**

- ○ de ver un dinosaurio
- ○ de ir a un museo
- ○ de ver pirámides

2 **¿Qué otro título podría tener este cuento?**

- ○ La nave espacial
- ○ El museo
- ○ La momia

3 **¿Qué oración apoya la idea de que al estudiante le gustó el museo?**

- ○ ¡Quisiera volver pronto al museo!
- ○ Luego pasé a otra sala del museo.
- ○ La última sala estaba oscura.

4 **¿En qué se parecen el esqueleto de dinosaurio y la momia?**

____

____

____

____

5 **¿Qué parte del museo crees que le gustó más al estudiante? Explica.**

____

____

____

____

Nombre _______________________

Lee la lectura y contesta las preguntas que le siguen.

Diversión en el barro

Tomás quiere una rana. Las ranas le encantan. Las ranas brincan y saltan.

Tomás consigue una rana. Se la regala su papá. A Tomás le gusta mucho su rana. Se llama Pepa.

Tomás y Pepa saltan y se meten en el barro. A Pepa le gusta el barro. Escarba y hace pocitos. ¡Tomás y Pepa se divierten en el barro!

Da vuelta a la página.

Contesta las siguientes preguntas.

1 **¿Qué mascota quiere Tomás?**

- ○ un gato
- ○ un perro
- ○ una rana

2 **¿Cómo consigue Tomás su mascota?**

- ○ La encuentra en el barro.
- ○ Se la regala su papá.
- ○ Se la regala un amigo.

3 **¿Dónde se divierte Tomás con su mascota?**

- ○ en la escuela
- ○ en el barro
- ○ bajo la cama

4 **¿Qué le gusta hacer a Tomás con su mascota?**

____

____

____

____

____

Nombre _______________________________

Lee la lectura y contesta las preguntas que le siguen.

¡Qué reguero!

Mamá quería hacer un pastel.

—Yo puedo ayudarte —dijo Chelo.

Mamá tomó la bandeja para hornear. Chelo tomó la mezcla para hacer el pastel. Tropezó y se le cayó la caja. Un poco de mezcla se esparció por el piso.

Después, Chelo buscó la leche. Unas gotas de leche se le derramaron sobre la mezcla.

Mamá buscó un huevo. El huevo se le cayó sobre la mezcla y la leche esparcidas por el piso. ¡Qué reguero!

—No hicimos un pastel —dijo Chelo.

—¡Hicimos un reguero! —respondió Mamá.

Chelo buscó un trapo. Lo pasó sobre la leche derramada, la mezcla y el huevo.

—Ya limpié el reguero —anunció.

—Claro que sí. Pasaste el trapo —dijo Mamá con una sonrisa—. Gracias por tu ayuda, Chelo.

Da vuelta a la página.

Contesta las siguientes preguntas.

1 **¿Qué iba a hacer Mamá?**

○ Iba a dar una caminata.

○ Iba a preparar un pastel.

○ Iba a limpiar el piso.

2 **¿Dónde se desarrolla este cuento?**

○ en la casa de Chelo

○ en la escuela de Chelo

○ en el jardín de Chelo

3 **¿Qué hacen Chelo y Mamá?**

○ un juguete

○ un pastel

○ un reguero

4 **¿Qué derrama Chelo en el piso?**

○ agua

○ jugo

○ leche

5 **¿Por qué Mamá agradece a Chelo?**

____

- -

____

- -

____

- -

____

Nombre _______________________

Lee la lectura y contesta las preguntas que le siguen.

El parque sobre la colina

—¿Cuándo vendrá Papá? –preguntó Paula.

—Volverá pronto —respondió Mamá—. Cuando llegue, iremos a divertirnos.

Se oyó un claxon, y enseguida entró Papá. Paula corrió a abrazarlo.

—¡Qué suerte que llegaste, Papá! —exclamó.

—Me alegro de estar en casa —dijo Papá—. Fue un viaje muy largo. ¡Las eché de menos!

La familia fue al parque que estaba sobre la colina. Allí había columpios y un tobogán. Paula subió corriendo por la colina y se deslizó por el tobogán. Después se subió a un columpio y se impulsó con las piernas y los pies. El columpio se balanceó con fuerza hacia adelante y hacia atrás.

Mamá y Papá se sentaron en un banco. Papá saludó a Paula con la mano. Todos se divirtieron en el parque sobre la colina.

Da vuelta a la página.

Contesta las siguientes preguntas.

1 **¿Por qué Paula abraza a Papá?**

- ○ porque la lleva a jugar al parque
- ○ porque regresa de un largo viaje
- ○ porque la saluda desde un banco

2 **¿Quién hace sonar el claxon?**

- ○ Mamá
- ○ Papá
- ○ Paula

3 **¿Dónde está el parque?**

- ○ en el bosque
- ○ junto al lago
- ○ sobre la colina

4 **¿Por qué Paula se impulsa con las piernas en el columpio?**

____

____

____

5 **¿Por qué Paula quiere que Papá llegue a casa?**

____

____

____

   Nuevas lecturas   Unidad 1 Semana 5 A

Nombre ___________________

Lee la lectura y contesta las preguntas que le siguen.

Contando cuentos

Hace mucho tiempo, la gente no tenía libros. Sólo contaban cuentos. Algunas personas eran muy buenas para contar cuentos. Usaban diferentes ruidos o sonidos. Los sonidos hacían el cuento más interesante. La gente que los escuchaba se divertía. Al escuchar los cuentos, podían imaginarse cosas. Eso era algo que les gustaba.

La gente narra cuentos alrededor del mundo. Y siempre hay otros que los escuchan. Los cuentos cumplen diferentes tareas. Algunos cuentos ayudan a la gente a sentirse bien. Otros cuentos enseñan cosas. Los mejores cuentos nos hacen reír.

Da vuelta a la página.

Contesta las siguientes preguntas.

1 **¿Cuál oración expresa una opinión?**

○ La gente narra cuentos alrededor del mundo.

○ Los mejores cuentos nos hacen reír.

○ Al escuchar los cuentos, podían imaginarse cosas.

2 **¿Por qué la gente contaba cuentos hace mucho tiempo?**

○ porque no tenían música

○ porque no tenían trabajo

○ porque no tenían libros

3 **Según la lectura, ¿qué pasaba cuando la gente escuchaba un cuento?**

○ Se imaginaban cosas.

○ Querían escribirlo.

○ Empezaron a crear sus propios sonidos.

4 **¿Por qué la gente escuchaba cuentos?**

____

- -

____

- -

____

- -

____

- -

____

Nombre _______________________________

Lee la lectura y contesta las preguntas que le siguen.

Acerca de los pájaros

Los pájaros son diferentes de otros animales. Tienen alas en vez de brazos. Tienen plumas en vez de pelo. Como las alas y las plumas los ayudan a moverse por el aire, la mayoría de los pájaros pueden volar.

Diferentes tipos de pájaros comen diferentes tipos de comida. Frutas, plantas, semillas e insectos son algunas de las cosas que los pájaros comen.

Los pájaros hacen nidos. Allí ponen sus huevos.

Los pájaros cantan muy bonito. Su canto hace a la gente muy feliz. A algunas personas les gusta tener pájaros en sus casas como mascotas. Les gusta escuchar el canto de los pájaros todos los días.

A otras personas les gusta mirar los pájaros al aire libre. Algunas les dan comida a los pájaros que visitan sus casas. Les gusta observar a los pájaros mientras comen en sus ventanas.

Da vuelta a la página.

Nuevas lecturas   Unidad 2 Semana 1 AN

Contesta las siguientes preguntas.

1 **¿Para qué tienen alas y plumas los pájaros?**

- ○ para comer
- ○ para hacer sus nidos
- ○ para volar por el aire

2 **¿Para qué ponen huevos los pájaros?**

- ○ para tener algo que comer
- ○ para tener a sus bebés
- ○ para hacer feliz a la gente

3 **¿Por qué razón la gente tiene pájaros como mascotas?**

- ○ Les gusta verlos volar.
- ○ Les gusta escuchar su canto.
- ○ Les gusta ver cómo comen.

4 **¿Cuál oración de la lectura expresa una opinión?**

- ○ Los pájaros cantan muy bonito.
- ○ Los pájaros hacen nidos.
- ○ Los pájaros son diferentes de otros animales.

5 **¿Qué pasa cuando la gente les da comida a los pájaros que se acercan?**

____

____

____

____

Nombre ______________________________

Lee la lectura y contesta las preguntas que le siguen.

La vida en una laguna

Es interesante visitar una laguna. Las lagunas tienen agua dulce, no salada como el mar. Algunas lagunas son grandes y otras son pequeñas. Todas las lagunas tienen algo en común. Todas están rodeadas de tierra. Diferentes tipos de plantas y animales viven cerca de las lagunas.

También hay muchas plantas y animales que viven dentro de las lagunas.

El barro de las lagunas es un buen lugar para que las raíces de las plantas crezcan. Algunas plantas crecen debajo del agua. El agua no puede ser muy profunda porque los rayos del sol tienen que llegar a ellas. Algunas plantas viven en la superficie del agua. Sus hojas flotan sobre la laguna.

Muchos animales viven dentro o cerca de las lagunas. Allí encuentran comida y también pueden beber agua.

Da vuelta a la página.

Contesta las siguientes preguntas.

1 **¿Qué oración de la lectura expresa una opinión?**

  ○ Todas están rodeadas de tierra.

  ○ Sus hojas flotan sobre la laguna.

  ○ Es interesante visitar una laguna.

2 **¿Qué pasa cuando no hay sal en el agua?**

  ○ El agua es dulce.

  ○ El agua es honda.

  ○ El agua es ligera.

3 **El agua profunda no ayuda a que las plantas crezcan porque**

  ○ no pueden flotar allí por demasiado tiempo.

  ○ no pueden recibir suficiente luz solar.

  ○ no pueden vivir en los grandes lagos.

4 **Si saltaras a una laguna, ¿por qué escucharías que algo salpica?**

____

____

____

5 **¿Por qué los lugares con lagunas son buenos para muchos animales?**

____

____

____

Nombre _______________________________

Lee la lectura y contesta las preguntas que le siguen.

La colina y el río

—Eres muy largo —le dijo la colina al río.

—Gracias —dijo el río —. Y tú eres muy alta.

—Gracias —dijo la colina.

—¿Qué ves? — preguntó la colina.

—Veo pasto verde y cielo azul —dijo el río.

—¿Qué ves tú? —preguntó el río.

—Veo pasto verde y cielo azul —dijo la colina.

La colina es alta. El río es largo. Los dos ven pasto verde y

cielo azul.

Da vuelta a la página.

Contesta las siguientes preguntas.

1 **El autor escribió este cuento**

○ para decirnos que la colina y el río son parecidos y diferentes.

○ para decirnos a quién le gusta jugar cerca de la colina y del río.

○ para decir por qué la colina y el río son importantes para nosotros.

2 **¿Cómo nos muestra el autor que la colina y el río se tratan amablemente?**

○ Dicen "bienvenido".

○ Dicen "por favor".

○ Dicen "gracias".

3 **¿En qué se diferencia el río de la colina?**

○ El río es largo.

○ El río es azul.

○ El río está limpio.

4 **¿Por qué el autor decide que la colina y el río pregunten qué ve cada uno?**

____

____

____

____

____

____

____

Nombre _______________________________________

Lee la lectura y contesta las preguntas que le siguen.

Un cerdo muy amable

Jacinto perdió su pelota amarilla. Buscó por todas partes, pero no pudo encontrarla.

—¿Alguien puede ayudarme a buscar mi pelota? —pidió Jacinto en voz alta.

Un pájaro que pasaba volando le preguntó qué ocurría.

—No encuentro mi pelota —contestó Jacinto.

—Ahora estoy volando y no puedo ayudarte —dijo el pájaro.

Un perro pasó corriendo y Jacinto le pidió ayuda. Pero el perro estaba demasiado ocupado con su propia pelota verde.

—¿Quién me ayudará? —preguntó Jacinto, desesperado.

Justo en ese momento apareció un cerdo que le ofreció ayuda.

—Buscaré tu pelota con mi nariz —dijo el cerdo.

El cerdo metió la nariz en el pasto y olfateó por todas partes. Puso gran empeño en buscar la pelota de Jacinto.

—¡Aquí está! —gritó por fin el cerdo.

—¡Gracias! —dijo Jacinto—. Eres mi nuevo amigo. ¿Quieres que juguemos a atrapar la pelota?

Da vuelta a la página.

Contesta las siguientes preguntas.

1 **El autor escribió este cuento**

○ para describir la apariencia de los cerdos.

○ para explicarnos cómo se cuida a un cerdo.

○ para contar cómo un cerdo ayudó a un niño.

2 **¿Por qué el autor decide que el cerdo ayude a Jacinto?**

○ para mostrarnos que el cerdo sabe olfatear

○ para mostrarnos que el cerdo es muy amistoso

○ para contar que el cerdo juega con la pelota amarilla

3 **¿Cómo nos muestra el autor que el perro no quiere ayudar?**

○ Dice que el perro está demasiado ocupado.

○ Nos cuenta que el perro busca la pelota.

○ Dice que el perro comparte su pelota.

4 **¿Qué está haciendo el pájaro cuando Jacinto le pide ayuda?**

○ Está comiendo.

○ Está volando.

○ Está jugando.

5 **¿Por qué crees que el autor hace hablar a los animales de este cuento?**

____

- -

____

- -

____

- -

Nombre _______________________

Lee la lectura y contesta las preguntas que le siguen.

Dar una mano

—Hola, vecino —dijo el conejo, y entró de un salto en la pajarera—. Me llamo Carlos.

—Yo me llamo Luis —respondió el pájaro—. ¡Encantado de conocerte!

—Me imagino que esta vieja pajarera te dará mucho trabajo. Hace muchos años que está vacía —dijo Carlos.

—Bueno, soy un pájaro carpintero. Debería arreglarla en poco tiempo —replicó Luis, y puso manos a la obra.

Durante las semanas siguientes, Luis trabajó día y noche. Pero cada vez que arreglaba algo, se le rompía otra cosa.

Un día, Luis oyó que alguien golpeaba a la puerta. Era el conejo Carlos... ¡acompañado de otros diez conejos!

—Venimos a ayudar, vecino —dijo Carlos.

El pájaro y los conejos trabajaron sin descanso durante una semana. Cuando terminaron, la pajarera se veía preciosa. Emocionado, Luis les dio las gracias.

—Para eso están los amigos —respondió Carlos.

Da vuelta a la página.

Contesta las siguientes preguntas.

1 **¿Cómo demuestra el autor que el conejo es amistoso?**

- ○ El conejo se acerca a hablar con su vecino nuevo.
- ○ El conejo comparte su casa con su vecino nuevo.
- ○ El conejo le lleva rica comida a su vecino nuevo.

2 **¿Por qué el autor escribió este cuento?**

- ○ para mostrar cómo es un pájaro carpintero
- ○ para enseñarnos una lección de amistad
- ○ para contarnos un suceso divertido

3 **¿Qué es Luis?**

- ○ un azulejo
- ○ un carpintero hábil
- ○ un pájaro carpintero

4 **¿Cómo nos muestra el autor que Carlos y Luis no se conocen?**

____

____

____

5 **¿Por qué el autor decide que los conejos ayuden a Luis?**

____

____

____

Nombre ______________________________

Lee la lectura y contesta las preguntas que le siguen.

El pastel de manzanas

Hiroshi y su abuelo tienen hambre. Quieren preparar un pastel de manzanas. Hiroshi y su abuelo preparan la mezcla. La ponen en una bandeja para hornear. Luego, cortan las manzanas y las ponen por encima. Después, hornean el pastel. Esperan y esperan. El pastel huele muy bien. Finalmente, el pastel de manzanas está listo. Hiroshi y su abuelo comen todo el pastel. El pastel está muy, pero muy sabroso.

Da vuelta a la página.

Contesta las siguientes preguntas.

1 **¿Por qué quiere hacer un pastel Hiroshi?**

- ○ Tiene ganas de comer algo.
- ○ Quiere sorprender a su familia.
- ○ Tiene que usar unas manzanas.

2 **¿Quién ayuda a hacer el pastel a Hiroshi?**

- ○ su papá
- ○ su hermano
- ○ su abuelo

3 **¿Qué le parece que huele bien a Hiroshi?**

- ○ la mezcla del pastel
- ○ el pastel en el horno
- ○ las manzanas cortadas

4 **¿Por qué tiene que esperar Hiroshi?**

____

____

____

____

____

____

Nombre _______________________________

Lee la lectura y contesta las preguntas que le siguen.

Zapatos que ayudan

Un día, la mamá de Juan lo llevó de compras. Fueron a comprar zapatos. Juan detestaba comprar zapatos.

En la tienda, Juan vio muchos zapatos. Primero, vio unos zapatos negros. Luego, vio unos zapatos verdes y brillosos.

—¿Podemos comprar ésos y volver a casa? —preguntó Juan.

Cuando fue a la escuela con los zapatos verdes, todos se rieron de él. De pronto, ¡los zapatos empezaron a caminar hacia el área de juego! Juan tuvo que ir con ellos.

Cuando llegó al área de juego, vio que Lily estaba en el suelo. ¡Estaba lastimada! Los zapatos los llevaron hasta la enfermería.

—¿Cómo supiste que Lily estaba lastimada? —le preguntó la enfermera a Juan.

—No fui yo —le dijo—. ¡Fueron mis zapatos!

Ahora, a Juan le encantaban sus zapatos verdes. Los zapatos lo guiaban a quienes necesitaban su ayuda.

Da vuelta a la página.

Contesta las siguientes preguntas.

1 **Juan va de compras con**

- ○ su enfermera.
- ○ su amiga Lily.
- ○ su mamá.

2 **¿Qué zapatos compra Juan?**

- ○ los zapatos verdes
- ○ los zapatos negros
- ○ los zapatos de su mamá

3 **¿Qué es lo primero que pasa cuando Juan lleva los zapatos nuevos a la escuela?**

- ○ Juan vuelve a salir a jugar.
- ○ Todos sus compañeros se ríen de él.
- ○ Lily se lastima en el área de juego.

4 **¿Qué pasa después de que Juan ve a Lily en el área de juego?**

- ○ Sus zapatos caminan hacia el área de juego.
- ○ Sus zapatos los llevan a la enfermería.
- ○ Sus zapatos se ponen de un verde brillante.

5 **¿Qué hace salir a Juan al área de juego?**

____

- -

____

____

- -

____

Nombre _______________________

Lee la lectura y contesta las preguntas que le siguen.

¿Cuál es la respuesta?

—Conozco un juego muy divertido que podemos jugar
—dijo el Sr. Morales—. Te describiré una cosa y tú adivinarás
qué es.

—Qué divertido, papá. Mis amigos Chen y Tomi también
quieren jugar —dijo Lara.

—Esta cosa tiene cuatro partes que son gruesas y fuertes y
todas tocan el suelo —dijo el Sr. Morales.

—Las partes son patas. ¡Es una mesa! —gritó Tomi.

El Sr. Morales sonrió y dijo:

—Tengo más pistas. También tiene un tubo largo por donde
entra y sale aire.

—Una nariz —dijo Lara—. Tiene que ser algún tipo de
animal.

—Esta cosa también tiene dos aletas bien grandes a los
costados. Las aletas son delgadas y suaves y se usan para
escuchar —dijo el Sr. Morales.

—¡Ya sé lo que es! —dijo Chen.

¿Y tú? ¿Ya sabes lo que es?

Da vuelta a la página.

Contesta las siguientes preguntas.

1 **El Sr. Morales es el papá de**

- ○ Lara.
- ○ Tomi.
- ○ Chen.

2 **¿Qué cree Tomi que es la cosa?**

- ○ un caballo
- ○ una silla
- ○ una mesa

3 **¿Qué describe el Sr. Morales?**

- ○ un gato
- ○ un mono
- ○ un elefante

4 **¿Por qué cree Lara que la cosa es algún tipo de animal?**

____

____

5 **¿Cómo se juega el juego del Sr. Morales?**

____

____

Nombre ___________________________________

Lee la lectura y contesta las preguntas que le siguen.

Abejas que fabrican miel

Algunas abejas fabrican miel. Usan el néctar de las flores. Las abejas se esfuerzan por recolectar el néctar. Luego, lo llevan al panal, que es el lugar donde viven.

¿Dónde construyen los panales? Algunas los construyen en los árboles. Viven en lo alto, como las aves. Las aves no lastiman. ¡Las abejas, sí!

La miel es dulce. A los osos les gusta. A nosotros, también. Los humanos descubrieron la miel. ¿Cómo? ¡Observando a los osos!

Da vuelta a la página.

Contesta las siguientes preguntas.

1 **¿Qué hacen las abejas con el néctar que recolectan?**

   ○ Las abejas lo usan para fabricar miel.

   ○ Las abejas lo guardan con las flores que recolectan.

   ○ Las abejas se lo dan a los osos.

2 **¿Por qué les gusta la miel a los osos?**

   ○ Es pegajosa.

   ○ Es dulce.

   ○ Es espesa.

3 **¿Qué pasó cuando los humanos observaron a los osos?**

   ○ Aprendieron a construir casas en los árboles.

   ○ Aprendieron a sacar miel de los panales.

   ○ Aprendieron a usar el néctar de las flores.

4 **¿En qué se *parecen* las aves y las abejas?**

Nombre _______________________________

Lee la lectura y contesta las preguntas que le siguen.

Hormigas

¿Alguna vez observaste a las hormigas? Es muy divertido mirarlas. Hacen muchas cosas distintas.

Cada tipo de hormiga tiene una determinada tarea. Algunas, por ejemplo, son hormigas obreras. Lo primero que hacen las hormigas es buscar un lugar donde construir su hormiguero. Después, deciden qué usar para construir el hormiguero. Algunas construyen su hormiguero adentro de un tronco. Otras cavan en la tierra y lo construyen allí. Las hormigas obreras también cavan muchos túneles. Usan los túneles para entrar y salir del hormiguero. Las hormigas obreras también buscan el alimento. Luego, lo llevan al hormiguero para compartirlo con las demás hormigas.

La reina es otro tipo de hormiga. La reina es la que pone los huevos. Las hormigas obreras vigilan los huevos. Finalmente, nacen los bebés y las hormigas obreras los cuidan.

Da vuelta a la página.

Contesta las siguientes preguntas.

1 **¿Cuál es la razón *más probable* por la que las hormigas necesitan construir túneles?**

○ para esconderse de su reina

○ para entrar y salir del hormiguero

○ para encontrar dónde hay más alimento

2 **¿Por qué hay algunas hormigas que se llaman obreras?**

○ porque le enseñan a trabajar a la reina

○ porque trabajan mucho para poner los huevos

○ porque tienen mucho trabajo

3 **¿Qué pasa con los huevos cuando la hormiga reina los pone?**

○ Las obreras cuidan los huevos y los bebés.

○ Las obreras guardan los huevos en un tronco o los entierran.

○ Las obreras sacan los huevos nuevos del hormiguero.

4 **¿En qué se *parecen* todas las hormigas?**

○ Todas buscan alimento.

○ Todas tienen tareas.

○ Todas ponen huevos.

5 **¿Qué hacen las obreras con el alimento que encuentran?**

____

____

____

____

Nombre _________________________________

Lee la lectura y contesta las preguntas que le siguen.

Día de limpieza en la playa

El Sr. Herrero llevó a su clase de viaje a la playa. Cuando llegaron, los niños vieron muchos papeles y latas de refresco por todos lados. También había muchas botellas. Era hora de limpiar la playa. ¡Iba a llevarles mucho tiempo! Pero estaban listos.

Cada uno escogió un compañero para trabajar. Se pusieron guantes. Luego, cada pareja de niños recibió una bolsa de basura. Caminaron por la playa y recogieron la basura. Apilaron las bolsas llenas cerca del camión de la basura. El Sr. Herrero arrojó las pesadas bolsas adentro del camión. Los niños trabajaron mucho toda la mañana. Cuando estuvo lleno de bolsas de basura, el camión se fue.

Los niños observaron la playa. Ahora estaba limpia. Habían hecho un buen trabajo y se sentían orgullosos.

Da vuelta a la página.

Contesta las siguientes preguntas.

1 **¿Cuál es la *principal* razón por la que los niños deben usar guantes el día de limpieza?**

○ para que no se les enfríen las manos cuando refresca

○ para que no se les ensucien las manos con la basura

○ para que no se les mojen las manos cuando se acercan las olas

2 **¿Por qué el que arroja las bolsas al camión es el Sr. Herrero?**

○ Las bolsas son demasiado pesadas para que las arrojen los niños.

○ Los niños están demasiado cansados para levantar más bolsas.

○ Los niños tienen compañeros de trabajo y el Sr. Herrero, no.

3 **¿Qué pasa cuando el camión de la basura está lleno de bolsas?**

○ Los niños arrojan más bolsas de basura.

○ El maestro entierra las bolsas de basura.

○ El camión se lleva las bolsas de basura.

4 **¿Por qué se sentían orgullosos los niños al final del cuento?**

____

____

____

5 **¿Cómo está la playa al principio y cómo está al final?**

____

____

____

Nombre ___________________________

Lee la lectura y contesta las preguntas que le siguen.

Nieve

Mi nombre es Susi. Está nevando. A mí me gusta la nieve. La nieve es blanca. La nieve es húmeda. La nieve es divertida.

Corro por la nieve blanca y húmeda. Salto en la nieve blanca y húmeda. Camino por la nieve blanca y húmeda.

Al final, me voy a mi casa. Estoy húmeda, como la nieve. Mi madre me da leche caliente. Ahora estoy bien, estoy seca. Y también estoy cansada.

Da vuelta a la página.

Contesta las siguientes preguntas.

1 **¿Qué piensa el autor acerca de la nieve?**

○ La nieve es húmeda.

○ La nieve es blanca.

○ La nieve es divertida.

2 **¿En qué se *diferencia* la leche de Susi de la nieve?**

○ La leche es color café, pero la nieve es blanca.

○ La leche está caliente, pero la nieve es fría.

○ La leche es seca, pero la nieve es húmeda.

3 **Cuando Susi llega a su casa, ¿en qué se *parece* a la nieve?**

○ Está tranquila.

○ Está feliz.

○ Está húmeda.

4 **¿Cómo está Susi al *final* del cuento?**

Nombre _______________________________

Lee la lectura y contesta las preguntas que le siguen.

Mascotas

—Hola, Marco —dice Rocío—. ¿Quieres ir caminando a la escuela conmigo?

—Claro —dice Marco—. Este fin de semana me regalaron un pececito anaranjado. ¡Los pececitos son las mejores mascotas!

—Para mí, las mejores mascotas son los jerbos —dice Rocío—. A mi jerbo puedo alzarlo y acariciarlo. Su pelaje color café es muy suave.

—Pero, ¿sabe nadar? —dice Marco.

—No lo sé. Vive en una jaula, en donde puede correr —dice Rocío.

—A mí me encanta mirar cómo mi pececito nada en su pecera. Nada todo el tiempo —dice Marco—. Y me encanta mirarlo comer. Cuando le doy comida, nada hasta arriba de la pecera.

—Debe ser divertido tener un pececito. Tal vez los jerbos y los peces sean las mejores mascotas —dice Rocío.

—Estoy de acuerdo —dice Marco.

Da vuelta a la página.

Contesta las siguientes preguntas.

1 **¿Qué mascota le gusta *más* a Marco al principio del cuento?**

○ peces

○ jerbos

○ ambos, peces y jerbos

2 **¿En qué se *parecen* Rocío y Marco?**

○ Ambos tienen peces.

○ Ambos quieren a sus mascotas.

○ Ambos pueden alzar a sus mascotas.

3 **¿Para qué crees que el autor escribió este cuento?**

○ para contar acerca de los jerbos y del lugar donde viven

○ para describir a dos amigos que van caminando juntos a la escuela

○ para mostrar que dos animales distintos pueden ser buenas mascotas

4 **¿En qué se *diferencian* el jerbo y el pez?**

○ Sólo el jerbo tiene pelaje.

○ Sólo el jerbo sabe nadar.

○ Sólo el jerbo es anaranjado.

5 **¿En qué se *parecen* el pez y el jerbo?**

____

____

____

____

Nombre ______________________

Lee la lectura y contesta las preguntas que le siguen.

Un buen día

Hoy, Pedro se vistió rápido y salió. Iba brincando por la calle, tarareando su canción favorita. Pedro era un niño de ocho años que vivía en Nueva York.

—Buen día, Pedro —dijo el Sr. López, el dueño de la tienda.

—Sí, qué buen día —dijo Pedro.

Luego, Pedro se fue dando saltitos, silbando.

—Buen día, Pedro —dijo Caruso, el policía.

—Sí, un muy buen día —dijo Pedro.

Cuando se cruzó con la Srta. Lucero, la mujer bombero, Pedro iba sonriendo.

—Buen día, Pedro —dijo ella.

—Sí, qué buen día —dijo Pedro.

Pedro subió corriendo las escaleras de la casa de su abuela y entró. Ella estaba en la cocina, con el regalo de Pedro en las manos. Pedro se acercó y le dio un gran abrazo.

—Buen día y feliz cumpleaños, Pedro —dijo ella.

—Sí, qué buen día —dijo Pedro.

Da vuelta a la página.

Contesta las siguientes preguntas.

1 **¿Por qué el autor dice que Pedro brinca y tararea?**

○ para mostrar que Pedro está apurado

○ para mostrar que a Pedro le gusta la música

○ para mostrar que Pedro está feliz

2 **¿Qué le dice Pedro a cada persona que encuentra?**

○ Les dice a todos que para él es un muy buen día.

○ Les dice a todos que hoy es su cumpleaños.

○ Llama a cada uno por su nombre correcto.

3 **¿En qué se *parecen* el policía Caruso y la Srta. Lucero?**

○ Ambos forman parte de la familia de Pedro.

○ Ambos protegen a las personas.

○ Ambos viven cerca del Sr. López.

4 **¿En qué se *diferencia* la abuela de los demás personajes del cuento?**

____

____

____

____

5 **¿Qué tienen en *común* todos los adultos del cuento?**

____

____

____

____

Nombre _______________________________

Lee la lectura y contesta las preguntas que le siguen.

Leche

Pedro vive en una granja. Su familia vende leche.

La familia de Pedro tiene muchas vacas. Las vacas son blancas y negras. Son muy grandes. Hacen mucho ruido. Son muy ruidosas cuando tienen hambre. La familia de Pedro alimenta a las vacas.

La leche viene de las vacas. La familia de Pedro pone la leche en botellas. Después vende la leche. Todos trabajan mucho.

A veces, Pedro se cansa de las vacas. A veces, Pedro se cansa de la leche. Pero casi siempre disfruta de su trabajo en familia.

Da vuelta a la página.

Contesta las siguientes preguntas.

1 **El autor probablemente escribió esta lectura para**

○ explicar como alimentar a las vacas.

○ que los lectores se pongan a llorar.

○ describir la vida en una granja.

2 **¿Qué piensa el autor sobre Pedro?**

○ El autor piensa que Pedro trabaja mucho.

○ El autor piensa que Pedro es muy perezoso.

○ El autor piensa que Pedro debería trabajar menos.

3 **¿Cuál es la idea principal de esta historia?**

○ Las vacas pueden ser buenas mascotas para los niños.

○ Los animales que tienen hambre hacen mucho ruido.

○ Trabajar en la granja familiar es una buena vida.

4 **¿Por qué crees que el autor dice que Pedro a veces se cansa de las vacas y la leche?**

____

____

____

____

____

Nombre _______________________________

Lee la lectura y contesta las preguntas que le siguen.

Una mascota divertida

—Los ratones son mascotas muy divertidas, Samuel —dijo Mamá—. Pero necesitan mucho cuidado.

Mamá y Samuel leyeron un libro sobre ratones. En el libro decía que los ratones necesitan un hogar cálido. Mamá compró una jaula bastante grande. Samuel la rellenó con papeles, porque quería que su ratón viviera en un lugar seco y abrigado.

Después, Mamá ayudó a Samuel a poner agua y comida en la casita del ratón.

—Recuerda que el recipiente siempre debe estar lleno de agua. Recuerda que el plato siempre debe estar lleno de comida —dijo.

—¿Y si hacemos un parque de juegos para mi ratón? ¡Así podrá correr y jugar! —propuso Samuel.

Mamá acomodó el ratón en su nueva casita.

—Si lo cuidas bien, tu ratón estará feliz y saludable. Los ratones y los niños tienen mucho en común: todos necesitan agua, comida, un hogar cálido... ¡y también un lugar para jugar!

Da vuelta a la página.

Contesta las siguientes preguntas.

1 **¿Por qué el autor escribió "Una mascota divertida"?**

- ○ para que los lectores sepan cómo es su ratón favorito
- ○ para divertirnos con un cuento sobre un ratón gracioso
- ○ para contar un cuento sobre el cuidado de los ratones

2 **¿Qué oración expresa el mensaje principal del autor?**

- ○ Mamá y Samuel leyeron un libro sobre ratones.
- ○ Tienes que cuidar muy bien a tu ratón.
- ○ El recipiente debe estar lleno de agua.

3 **El autor dice que Samuel y su Mamá leen un libro sobre ratones para que el lector sepa que**

- ○ no saben nada acerca de los ratones.
- ○ quieren saber cómo se cuidan los ratones.
- ○ quieren leer cuentos graciosos sobre ratones.

4 **¿Qué lección puedes aprender de este cuento?**

- ○ Las personas y los animales necesitan cosas similares.
- ○ La gente que trabaja mucho puede conseguir lo que quiera.
- ○ La gente suele tener miedo de probar cosas nuevas.

5 **¿Que quiere el autor que aprendas del cuento?**

____

____

____

____

Nombre _______________________

Lee la lectura y contesta las preguntas que le siguen.

Perdido

—¡Ven aquí, Bonzo! ¿Donde estás, Bonzo?

Bonzo había salido corriendo de la casa por una puerta abierta.

Diana y su padre buscaron por todo el vecindario, pero no pudieron encontrarlo.

Esa noche, Diana tuvo una idea. Hizo muchos dibujos de Bonzo, y luego los pegó en cartulinas para hacer carteles. En los carteles decía que había perdido a su perro. Al otro día, Diana salió con su padre a pegar los carteles por todo el vecindario. Tenía la esperanza de que alguien encontrara a Bonzo. Diana esperó ansiosamente junto al teléfono durante seis días, pero nadie llamó. Sin embargo, la niña no se daba por vencida.

Al séptimo día sonó el teléfono. Era un hombre que vivía en un vecindario lejano. Había encontrado un perro parecido a Bonzo.

Diana y su padre fueron en auto a la casa del hombre. Apenas la niña bajó del auto, Bonzo empezó a mover la cola.

—¡Bonzo! —gritó Diana—. ¡Sabía que te encontraría!

Da vuelta a la página.

Contesta las siguientes preguntas.

1 **¿Por qué el autor escribió "Perdido"?**

- ◯ para mostrar que los perros pueden causar problemas

- ◯ para contar la historia de una niña que no se da por vencida

- ◯ para hacernos reír de un perro un poco distraído

2 **¿Por qué el autor menciona una puerta abierta?**

- ◯ para que el lector sepa cómo se veía Bonzo

- ◯ para que el lector sepa por qué se perdió Bonzo

- ◯ para que el lector sepa dónde estaba el perro perdido

3 **El autor dice que Diana esperó junto al teléfono durante seis días para que el lector sepa**

- ◯ cuánto quiere Diana a Bonzo.

- ◯ que Diana tiene pocos amigos.

- ◯ cuándo sonará por fin el teléfono.

4 **¿Cómo quiere el autor que te sientas al final de la historia?**

____

____

____

____

5 **¿Que harán probablemente Diana y su padre a continuación?**

____

____

____

____

  Nuevas lecturas Unidad 3 Semana 1 A

Nombre _______________________________

Lee la lectura y contesta las preguntas que le siguen.

El cielo

Hay gente que nunca mira hacia arriba. Hay gente que sólo mira hacia abajo. Pero el cielo es bonito. ¡Mira hacia arriba! ¡Mira el cielo!

De día, el cielo es azul. En él ves el sol. Ves los pájaros. Tal vez veas un avión. De día hay muchas cosas en el cielo.

De noche, el cielo es negro. En él ves las estrellas. El cielo es tranquilo durante la noche.

No mires hacia abajo. ¡Mira hacia arriba!

Da vuelta a la página.

Contesta las siguientes preguntas.

1 **¿Por qué el cielo es negro de noche?**

○ porque no se ve el sol

○ porque no hay estrellas

○ porque se ven los pájaros

2 **¿Cuándo puedes ver un pájaro?**

○ cuando miras hacia el cielo

○ antes de que puedas ver el cielo

○ cuando el cielo va oscureciéndose

3 **Podrías decir que el autor**

○ disfruta de mirar el sol más que las estrellas.

○ cree que los aviones no deberían estar en el cielo.

○ cree que es mejor mirar hacia arriba que hacia abajo.

4 **¿Por qué el cielo está tranquilo de noche?**

____

____

____

____

____

Nombre ___________________________

Lee la lectura y contesta las preguntas que le siguen.

¿Por qué caen las hojas en otoño?

Después del desayuno, Tom fue a la casa de su abuela. Quería ayudarla a rastrillar las hojas secas.

—¿Por qué las hojas no caen en primavera? —preguntó.

Su abuela ya había comenzado a rastrillar y apilar las hojas.

—Te diré por qué —dijo la abuela—. Las hojas necesitan agua para hacer el alimento del árbol. Las raíces se extienden en busca de agua. Absorben el agua en primavera y en verano.

La abuela levantó una hoja.

—¿Ves esas líneas que atraviesan la hoja? —preguntó—. Son como pequeños tubos. Toman el agua del tronco, y así ayudan al árbol a crecer.

—Cuando llega el otoño, crece un taponcito en el lugar donde la hoja se une al árbol —agregó la abuela—. El taponcito no deja pasar el agua hacia las hojas. Las hojas se secan y se caen. Por eso rastrillamos las hojas en otoño.

—Gracias, abuela —dijo Tom—. ¡Mira! Ya casi terminamos. ¡Creo que hacemos un buen equipo!

Da vuelta a la página.

Contesta las siguientes preguntas.

1 **Esta lectura cuenta que**

○ los árboles no crecen en primavera.

○ las raíces no pueden absorber agua.

○ las hojas de los árboles caen en otoño.

2 **Las hojas usan agua para**

○ cambiar de color.

○ alimentar al árbol.

○ mantenerse frescas.

3 **¿Para qué sirven los "pequeños tubos"?**

○ para no dejar que el agua llegue a las hojas

○ para hacer que las hojas caigan en otoño

○ para tomar el agua que viene del tronco

4 **¿Qué ocurre *después* de que crece el taponcito?**

○ Las hojas van secándose.

○ Las hojas se ponen verdes.

○ Las hojas beben más agua.

5 **De acuerdo con el cuento, ¿cómo crees que es el jardín de la abuela?**

____

- -

____

____

- -

____

____

- -

____

Nombre _______________________________

Lee la lectura y contesta las preguntas que le siguen.

El regalo

Mamá y yo salimos de compras. Cuando pasamos por la
tienda de arte, Mamá se detuvo y sonrió. Se quedó mirando
una pintura de dos gatitos que dormían acurrucados.

—¿Vas a comprarla? —le pregunté.

—No, Eva —contestó—. No me gusta el marco.

Luego pasamos por la tienda de mascotas. Mamá sonrió al
ver un gatito que jugaba con una pelota.

Al día siguiente era el cumpleaños de Mamá. Papá me
preguntó:

—¿Sabes qué quiere Mamá de regalo?

Yo le conté lo que había ocurrido en las tiendas.

—Perfecto —dijo Papá.

Esa noche, después de cenar, Papá le dio el regalo a Mamá.
Era una caja grande, con agujeros a ambos lados. Cuando
Mamá abrió la caja, un gatito saltó sobre su falda.

—¿Cómo sabías que quería un gatito? —preguntó Mamá.

—Pues... ¡lo adiviné! —exclamó Papá.

Y los dos nos echamos a reír.

Da vuelta a la página.

Contesta las siguientes preguntas.

1 **¿Cómo sabe Eva que a Mamá le gustó la pintura?**

○ Mamá le dijo que le gustaba la pintura.

○ Mamá sonrió cuando vio la pintura.

○ Pensó en el regalo de cumpleaños.

2 **¿Por qué tiene agujeros la caja del gato?**

○ para que Mamá pueda mirar adentro

○ para que el gatito pueda respirar

○ para que el gatito se duerma

3 **¿Cómo se siente Mamá cuando ve al gatito jugando?**

○ triste

○ alegre

○ cansada

4 **¿Cómo sabe Eva lo que Mamá quiere de regalo de cumpleaños?**

____

____

____

____

5 **¿Qué es lo *último* que pasa en el cuento?**

____

____

____

____

Nombre ________________________________

Lee la lectura y contesta las preguntas que le siguen.

Trenes y carros

Los trenes y los carros son veloces. También pueden ir despacio. Llevan gente. También llevan cosas. Los carros van por las carreteras. Los trenes van por las vías. Algunas carreteras cruzan las vías. Los carros cruzan las vías.

Los trenes tienen luces y claxon. Así nos indican que se acercan. Si vas en carro, debes cuidarte de los trenes. Los carros pueden frenar de repente. Los trenes, no.

Cuando viene un tren, los carros deben frenar. Deben esperar a que pase el tren. No corras peligro. Espera a que pase el tren.

Da vuelta a la página.

Contesta las siguientes preguntas.

1 **¿En qué se parecen los carros y los trenes?**

○ Sólo pueden llevar gente.

○ Pueden ir rápido o despacio.

○ Deben esperar a que pase el tren.

2 **¿En qué se diferencian los carros de los trenes?**

○ Los trenes van por vías y los carros van por carreteras.

○ Los trenes deben frenar de repente cuando pasa un carro.

○ Los carros hacen sonar el claxon frente a las vías del tren.

3 **Los carros pueden hacer algo más rápido que los trenes. ¿Qué es?**

○ girar

○ frenar

○ esperar

4 **¿Por qué los carros deben esperar a que pasen el tren?**

____

____

____

____

____

Nombre _______________________________

Lee la lectura y contesta las preguntas que le siguen.

¡Arriba el ánimo!

Hilda estaba enferma, con un tremendo resfriado. Y se había puesto de mal humor, porque odiaba estar enferma. La mamá le preguntó si quería sopa. Hilda contestó:

—¡No!

Hilda no era amable cuando estaba enferma.

Su amigo Mario fue a visitarla. Mario también estaba resfriado, pero estaba de buen humor. No se enojaba cuando se enfermaba.

La mamá de Hilda le preguntó si quería sopa. Mario contestó:

—¡Sí, gracias!

Mario era amable, incluso cuando estaba enfermo.

Hilda le preguntó:

—¿Cómo puedes estar de buen humor cuando te enfermas?

—Siempre puedes estar de buen humor si lo intentas. La vida es mejor cuando estás de buen humor —respondió Mario.

Desde entonces, Hilda intentó estar de buen humor cuando estaba enferma. También intentó ser amable, incluso cuando no estaba enferma. Se dio cuenta de que Mario tenía razón. Aprendió que todo sale mejor cuando estás de buen humor.

Da vuelta a la página.

Contesta las siguientes preguntas.

1 **¿En qué se parecen Hilda y Mario?**

○ Siempre están de buen humor.

○ Ambos tienen la misma edad.

○ Los dos están resfriados.

2 **En este cuento, Hilda *probablemente* está**

○ en su casa.

○ en la escuela.

○ en casa de Mario.

3 **¿En qué se diferencia Mario de Hilda?**

○ Mario está de buen humor y es amable.

○ Mario está muy enojado y se porta mal.

○ Mario es travieso y hace un poco de lío.

4 **¿Qué aprenden Hilda y Mario al final del cuento?**

○ Cuando no eres muy amable, tus amigos no te hablan.

○ Cuando estás muy enfermo, la sopa te hace sentir mejor.

○ Cuando intentas ponerte de buen humor, todo sale mejor.

5 **¿Cómo estaba Hilda al principio del cuento? ¿Cómo está al final?**

____

____

____

____

____

Nombre ______________________________

Lee la lectura y contesta las preguntas que le siguen.

La escuela nueva

Hoy fue mi primer día de clases en la escuela nueva. Acabamos de mudarnos a un pueblo pequeño. Cuando vivíamos en la gran ciudad, yo iba a la escuela en autobús. Ahora puedo ir a pie, porque vivimos muy cerca de la escuela. Mamá me dijo:

—Te gustará ir a pie, Pamela.

Cuando llegó el momento de ir a la escuela, abracé a Mamá y salí. Vi a varios niños que caminaban en grupos hacia la escuela. Se divertían mucho y tenían un montón de amigos. Yo no tenía amigos en el pueblo, y extrañaba a mis amigos de la ciudad. Papá me había dicho que haría nuevos amigos, pero yo no estaba tan segura.

De pronto, una niña y un niño comenzaron a caminar a mi lado. La niña dijo que se llamaba Karina. El niño se llamaba Chen. Descubrimos que estábamos en el mismo grado. Karina y Chen hablaban muy rápido y me hacían mil preguntas. Cuando llegamos a la escuela... ¡ya tenía dos nuevos amigos!

Da vuelta a la página.

Contesta las siguientes preguntas.

1 **¿En qué se diferencia la escuela nueva de la escuela anterior?**

○ La escuela nueva está más cerca de su casa.

○ La escuela nueva está en una gran ciudad.

○ La escuela nueva es mucho más grande.

2 **¿Cómo van a la escuela Pamela, Karina y Chen?**

○ Los llevan en carro.

○ Toman el autobús.

○ Van caminando.

3 **¿Cómo se siente Pamela al final del cuento?**

○ Está asustada.

○ Está contenta.

○ Se siente sola.

4 **Pamela se mudó a un lugar nuevo. ¿En qué se diferencia el lugar anterior del lugar nuevo?**

____

____

____

5 **¿Cómo se siente Pamela al ver que los niños van juntos a la escuela?**

____

____

____

Nombre ________________________________

Lee la lectura y contesta las preguntas que le siguen.

Jugar por turnos

Lila y Lucy jugaban a la pelota en la puerta de su casa. La pelota de Lila era azul. La de Lucy era roja. Estaban contentas. Entonces llegó su amigo Roque.

—¿Quieres jugar con nosotras? —preguntaron Lila y Lucy.

—No traje mi pelota —dijo Roque. Y se puso un poco triste.

—Puedes usar mi pelota —dijo Lila.

—Sí —dijo Lucy—. Podemos jugar por turnos.

—¡Muchas gracias! —dijo Roque.

Ahora estaba muy contento.

Da vuelta a la página.

Contesta las siguientes preguntas.

1 **¿Qué ocurre al principio del cuento?**

○ Roque se pone un poco triste.

○ Lila y Lucy saludan a Roque.

○ Lila y Lucy juegan a la pelota.

2 **¿Qué ocurre en el medio del cuento?**

○ Roque dice que no trajo su pelota.

○ Roque da las gracias a las niñas.

○ Roque se va a buscar su pelota.

3 **¿Por qué se alegra Roque al final del cuento?**

○ Fue a la casa a buscar su pelota para jugar.

○ Las niñas comparten su pelota con él.

○ Ha conseguido dos amigas nuevas.

4 **¿Por qué Roque se pone triste?**

____

- -

____

- -

____

- -

____

Nombre ____

Lee la lectura y contesta las preguntas que le siguen.

La papa gigante

Jaime pasaba el día entero sentado frente a la TV. Miraba TV y jugaba a los videojuegos. Comía papitas fritas y galletas. Y después comía más papitas fritas.

A veces, su papá le decía:

—¡Es un día hermoso! ¿Por qué no sales a jugar un poco?

Pero a Jaime le gustaba pasar el día sentado frente a la TV.

A veces lo visitaban sus amigos y le decían:

—¡Es un día hermoso! ¿Por qué no vienes a jugar un rato con nosotros?

Pero Jaime miraba TV y comía papitas fritas, y lo pasaba bien.

Un día, Jaime se dio cuenta de que estaba cada vez más redondo. En lugar de los dos ojos de siempre, ahora tenía cinco... ¡tenía seis! ¿Qué estaba pasando? ¡Jaime se estaba convirtiendo en una papa gigante, allí mismo, frente a la TV!

Entonces, Jaime despertó del sueño. Y salió corriendo a la calle, a jugar con sus amigos.

Da vuelta a la página.

Contesta las siguientes preguntas.

1 **¿Qué ocurre primero en el cuento?**

- ○ Jaime se va a dormir y tiene un sueño.
- ○ Jaime nota que va poniéndose redondo.
- ○ Jaime mira TV y juega a los videojuegos.

2 **¿Qué hace Jaime apenas despierta del sueño?**

- ○ Sale corriendo de la casa.
- ○ Se sienta a mirar más TV.
- ○ Juega con videojuegos.

3 **¿Por qué Jaime tiene una pesadilla?**

- ○ Quiere comer más papitas fritas.
- ○ Sabe que mira demasiada TV.
- ○ No le gusta ir a la escuela.

4 **¿Qué le pasaba a Jaime en la pesadilla *justo antes* de despertar?**

- ○ Jugaba con un videojuego.
- ○ Se convertía en una papa.
- ○ Conversaba con su papá.

5 **¿Qué decía Jaime *después* de que sus amigos lo invitaban a jugar afuera?**

____

____

____

Nombre ________________________________

Lee la lectura y contesta las preguntas que le siguen.

La primera clase de cerámica

A Juan le gustaba dibujar. Le encantaban las clases de arte de la escuela. En las vacaciones, hacía hermosos dibujos para regalar a su familia.

Un día, Mamá llegó a casa muy entusiasmada.

—Juan —le dijo—, ¿a que no sabes qué conseguí para ti?

Juan trató de adivinar varias veces, pero Mamá negaba con la cabeza tras cada intento.

—Te inscribí en un curso de cerámica.

—¿Cerámica? —dijo Juan—. ¿Y eso qué es?

Mamá le explicó que la cerámica era hacer objetos de barro con las manos. Juan se puso a saltar de alegría.

En la primera clase, Juan conoció a su maestra. La Sra. Márquez le enseñó a poner el barro en el torno. El torno giraba despacio. Juan se mojó las manos para que no se le pegotearan con el barro. Presionó el barro, y el barro cambió de forma. Cuanto más presionaba Juan, más cambiaba la forma del barro. Al terminar la clase, Juan había hecho un tazón de barro. Se lo mostró a la maestra con una sonrisa de oreja a oreja.

"¿Cuánto faltará para las vacaciones?", se preguntó Juan.

Da vuelta a la página.

Contesta las siguientes preguntas.

1 **¿Qué ocurre primero?**

- ○ Juan pone un poco de barro en el torno.

- ○ Juan va a su primera clase de cerámica.

- ○ Mamá tiene una sorpresa para Juan.

2 **¿Por qué Juan se pone a saltar?**

- ○ Está contento porque Mamá ha llegado a casa.

- ○ Sabe que las vacaciones llegarán muy pronto.

- ○ Está entusiasmado por el curso de cerámica.

3 **¿Qué ocurre en el medio del cuento?**

- ○ Juan conoce a la Sra. Márquez.

- ○ Juan hace un tazón de barro.

- ○ Juan hace un bello dibujo.

4 **¿Qué sabía hacer Juan al *principio* del cuento?**

____

____

____

____

5 **En la clase de cerámica, ¿qué hizo Juan *después* de mojarse las manos?**

____

____

____

____

Nombre _______________________________

Lee la lectura y contesta las preguntas que le siguen.

¿Quieres ser maestro?

¡El trabajo de maestro es el mejor del mundo! Primero tienes que aprender a enseñar. Luego puedes enseñar a otras personas.

Algunos maestros enseñan a leer. Enseñar a leer es lo más importante. ¿Por qué? Todo el mundo tiene que saber leer. Además, leer es divertido.

Los maestros también enseñan los números. Aprender los números es apasionante. Una vez que los niños conocen los números, puedes enseñarles a sumar.

¡Enseñar es lo mejor que hay!

Da vuelta a la página.

Contesta las siguientes preguntas.

1 **¿Qué oración expresa una opinión?**

- ○ ¡El trabajo de maestro es el mejor del mundo!
- ○ Los maestros también enseñan los números.
- ○ Primero tienes que aprender a enseñar.

2 **¿Qué oración expresa un hecho?**

- ○ Además, leer es divertido.
- ○ Algunos maestros enseñan a leer.
- ○ Enseñar a leer es lo más importante.

3 **¿Qué oración expresa una opinión?**

- ○ Aprender los números es apasionante.
- ○ Luego puedes enseñar a otras personas.
- ○ Los maestros también enseñan los números.

4 **¿Qué deben aprender los niños *antes* de aprender a sumar?**

____

____

____

____

____

____

   Nuevas lecturas   Unidad 3 Semana 5 IE

Nombre _______________________________

Lee la lectura y contesta las preguntas que le siguen.

Aliméntate bien

Debes comer distintos tipos de alimentos todos los días. Tu cuerpo los necesita. El alimento te ayuda a pensar y a moverte. El alimento te ayuda a crecer y a estar sano.

Algunos alimentos hacen que no te canses. El pan, el arroz y los cereales te dan la energía que necesitas para correr y jugar.

Las frutas y las verduras son muy sabrosas. También son prácticas y divertidas. Te protegen de las enfermedades. Te ayudan a eliminar los desechos del cuerpo.

Tu cuerpo necesita alimentos como los frijoles, los huevos, la carne y el pescado. También necesita leche. Esos alimentos te ayudan a crecer, y te ayudan a curarte si te enfermas o te lastimas.

No debes comer demasiados alimentos con azúcar. El exceso de azúcar es malo para tu cuerpo.

Es interesante aprender sobre alimentos. Lee sobre alimentación. Usa la información para elegir mejor lo que comes. Si escoges buenos alimentos, te sentirás y te verás bien.

Da vuelta a la página.

Contesta las siguientes preguntas.

1 **¿Qué oración expresa una opinión?**

- ○ El exceso de azúcar es malo para tu cuerpo.
- ○ Es interesante aprender sobre alimentación.
- ○ Te ayudan a eliminar los desechos del cuerpo.

2 **¿Qué oración expresa un hecho?**

- ○ También necesita leche.
- ○ También son divertidas.
- ○ Lee sobre alimentación.

3 **¿Qué oración expresa una opinión?**

- ○ Las frutas y las verduras son muy sabrosas.
- ○ El alimento te ayuda a pensar y a moverte.
- ○ Algunos alimentos hacen que no te canses.

4 **¿Qué oración expresa un hecho?**

- ○ También son prácticas y divertidas.
- ○ Es interesante aprender sobre alimentos.
- ○ El alimento te ayuda a crecer y a estar sano.

5 **¿Qué haces *después* de informarte sobre los distintos tipos de alimentos?**

____

____

____

____

Nombre ________________________________

Lee la lectura y contesta las preguntas que le siguen.

Palomitas que nacen de semillas

No hay nada como el aroma del maíz cuando estalla. ¡Las palomitas de maíz abren el apetito de cualquiera! ¿Sabes cómo se transforma esa dura semillita en una blanda y sabrosa palomita de maíz?

La cáscara de un grano de maíz esconde algo interesante. Dentro está todo lo que se convertirá en planta si siembras el grano en la tierra. Y también hay un poco de agua.

El maíz tiene que calentarse mucho para estallar. Cuando el grano se calienta, el agua que hay en su interior se convierte en gas. El gas caliente necesita más espacio. Entonces, abre la cáscara con un estallido. El interior del grano sale al exterior, y por eso la palomita es de color blanco.

Es realmente divertido hacer palomitas de maíz. En el pasado, había un juego muy entretenido que se jugaba en las fogatas. Se arrojaban granos de maíz sobre piedras calientes que estaban en el fuego. Cuando los granos estallaban, las palomitas salían volando. ¡Las palomitas de maíz siempre fueron fascinantes!

Da vuelta a la página.

Contesta las siguientes preguntas.

1 **¿Qué oración expresa una opinión?**

   ○ No hay nada como el aroma del maíz cuando estalla.

   ○ Dentro está todo lo que se convertirá en planta.

   ○ El interior del grano sale al exterior.

2 **¿Qué oración expresa un hecho?**

   ○ Es realmente divertido hacer palomitas de maíz.

   ○ ¡Las palomitas de maíz siempre fueron fascinantes!

   ○ Se arrojaban granos de maíz sobre piedras calientes.

3 **¿Qué ocurre *después* de que el agua que hay en el grano se transforma en gas?**

   ○ Se abre la cáscara del grano.

   ○ El grano de maíz se calienta.

   ○ La cáscara protege el interior.

4 **¿Qué opina el autor sobre las palomitas de maíz?**

____

____

____

5 **En tu opinión, ¿qué es lo *mejor* que tienen las palomitas de maíz?**

____

____

____

Nombre _______________________

Lee la lectura y contesta las preguntas que le siguen.

Más dinero

Lucas quería comprar un regalo para su mamá y para hacerlo necesitaba dinero. Su papá le encargó algunas tareas y le dio dinero a cambio. Pero Lucas lo gastó en un juguete. Entonces tuvo que hacer nuevas tareas. Su papá le dio más dinero, pero todavía no era suficiente para comprar un regalo.

—Tienes que ahorrar tu dinero, Lucas. Así podrás comprar lo que quieres —dijo su papá.

Lucas ahorró y le compró a su mamá una maceta con una linda flor. Ella se puso muy contenta. Y Lucas también.

Da vuelta a la página.

Contesta las siguientes preguntas.

1 **¿Dónde se desarrolla este cuento?**

○ en un banco

○ en una casa

○ en la escuela

2 **¿Por qué el papá le encarga a Lucas algunas tareas?**

○ para mantenerlo ocupado

○ para que aprenda cosas nuevas

○ para ayudarlo a ganar dinero

3 **¿Cuál es *probablemente* la razón por la que Lucas compra una flor?**

○ Sabe que le gustará a su mamá.

○ Siempre le regala flores.

○ Es el único regalo que encuentra.

4 **¿Qué lección aprende Lucas en este cuento?**

____

____

____

____

____

____

Nombre _______________________

Lee la lectura y contesta las preguntas que le siguen.

Mamá osa y su osito

—Agosto es mi mes favorito. ¡Qué día soleado y caluroso! —dijo el osito Fran.

—Así es —dijo Bárbara, su madre—. Pero el buen tiempo no durará mucho.

Se acercaron a un arbusto de bayas y empezaron a comer. Cuando estuvo satisfecho, Fran se alejó.

—Tienes que comer más. Dormiremos hasta que llegue la primavera, y necesitamos comer mucho para no pasar hambre durante el invierno —explicó Bárbara.

Las hojas de los árboles se pusieron anaranjadas y amarillas, y luego comenzaron a caer. Los osos comían día y noche. Cuando empezó a nevar, hallaron una cueva, entraron y se durmieron profundamente.

Cuando toda la nieve se derritió y las ramas de los árboles empezaron a llenarse de hojas nuevamente, Bárbara y Fran salieron de la cueva.

—¡Mira qué grande estoy, mamá! —dijo Fran. El osito casi había duplicado su tamaño—. Tengo hambre.

Entonces, los dos osos se fueron a buscar peces.

Da vuelta a la página.

Contesta las siguientes preguntas.

1 **¿Cómo sabes que ya es primavera cuando los osos se despiertan?**

○ Las hojas de los árboles están amarillas y anaranjadas.

○ Las hojas de los árboles cayeron y empezó a nevar.

○ La nieve se derritió y nacieron nuevas hojas.

2 **¿Cuántos años tiene Fran al principio del cuento?**

○ muchos años

○ pocos años

○ menos de un año

3 **De acuerdo con el cuento, ¿cuándo comen los osos?**

○ otoño, invierno y primavera

○ primavera, verano y otoño

○ invierno, primavera y verano

4 **¿Qué palabra describe *mejor* a Bárbara en este cuento?**

○ chistosa

○ valiente

○ previsora

5 **¿Qué sorprende a Fran cuando se despierta?**

____

- -

____

- -

____

- -

____

Nombre _______________________________

Lee la lectura y contesta las preguntas que le siguen.

El camión de juguete de mi abuelo

—¡Oh, no! —gritó Nancy—. ¡Era mi juguete favorito!

Nancy estaba enojada porque Matías, su hermanito, había roto su camión de juguete. El abuelo se acercó e intentó repararlo, pero el camión no tenía arreglo.

—No es culpa de Matías —dijo el abuelo—. Ya no hacen los juguetes como cuando yo era niño.

El abuelo les contó que, antes, los juguetes se hacían de materiales más resistentes. Por ejemplo, él había tenido soldaditos de plomo. Ahora se hacen de plástico. El abuelo también había tenido un muñeco de madera, y pensaba que era mucho más lindo que las muñecas que tenía Nancy.

—Si los juguetes estaban mejor hechos cuando tú eras pequeño —preguntó Nancy—, ¿por qué dejaron de hacerlos bien?

—Tiempo y dinero —contestó el abuelo—. Actualmente hacen los juguetes en la mitad de tiempo y por menos dinero.

El abuelo entró a la casa. Cuando volvió, le dio a Nancy un camión de juguete que tenía guardado desde que era niño.

—¡Este camión sí que va a sobrevivir a Matías! —dijo el abuelo. Nancy le agradeció con un abrazo.

Da vuelta a la página.

Contesta las siguientes preguntas.

1 **¿Qué tipo de persona es el abuelo?**

- ○ amable
- ○ bromista
- ○ ambicioso

2 **¿Cómo se rompe *probablemente* el camión?**

- ○ Matías estaba ocultando algo en el camión.
- ○ Matías estaba guardando el camión.
- ○ Matías estaba jugando con el camión.

3 **El abuelo *probablemente* no podrá arreglar el camión porque**

- ○ no está bien hecho.
- ○ requiere herramientas especiales.
- ○ es demasiado pequeño y el abuelo no lo ve.

4 **De acuerdo con el abuelo, ¿por qué hoy en día los juguetes se fabrican con materiales menos resistentes, como el plástico?**

____

____

____

5 **¿De qué material crees que está hecho el camión del abuelo?**

____

____

____

     Nuevas lecturas   Unidad 4 Semana 1 A

Nombre _______________________

Lee la lectura y contesta las preguntas que le siguen.

Arte con hojas

¿Sabías que las hojas de los árboles pueden usarse para crear arte? Es una actividad muy divertida.

Primero, recoge algunas hojas del suelo. Escoge hojas de formas curiosas o colores brillantes. A continuación, acomódalas sobre un papel y cúbrelas con otro papel. Encima de todo coloca un libro pesado.

¿Qué sigue? Ahora tienes que esperar dos días. Luego, retira el libro y el segundo papel. Verás que las hojas están secas y planas.

Por último, piensa qué imagen formarás. Puedes combinar las hojas para crear cualquier cosa.

Da vuelta a la página.

Contesta las siguientes preguntas.

1 **¿Qué oración expresa una opinión?**

- ○ Encima de todo coloca un libro pesado.
- ○ Primero, recoge algunas hojas del suelo.
- ○ Crear arte con hojas es muy divertido.

2 **¿Qué es lo *primero* que tienes que hacer para crear arte con hojas?**

- ○ recoger algunas hojas de colores
- ○ acomodar las hojas sobre un papel
- ○ poner las hojas a secar durante dos días

3 **¿Qué ocurre dos días *después* de colocar un libro sobre el papel?**

- ○ El papel se rompe en pedazos.
- ○ Las hojas están planas y secas.
- ○ El libro tiene colores brillantes.

4 **¿Cuál es el *último* paso?**

Nombre _______________________

Lee la lectura y contesta las preguntas que le siguen.

De renacuajos a ranas

Las ranas son animales realmente interesantes. Como ponen sus huevos en el agua, a veces los peces se comen algunos. Pero muchos otros sobreviven y se convierten en renacuajos. Después de nueve días dentro del huevo, los renacuajos nacen. Al principio viven en aguas poco profundas, entre las algas. Tienen una cola y branquias para respirar bajo el agua. Comen plantas muy pequeñas.

Después de doce semanas, los renacuajos han cambiado mucho. Les crecen dos patas traseras y luego dos patas delanteras. Sus pulmones se desarrollan y están listos para salir a la superficie a respirar aire. Por último, pierden la cola.

Ahora se han convertido en ranas. Son animales terrestres. Comen insectos y gusanos. Respiran con los pulmones y tienen cuatro patas. Sus patas traseras les permiten saltar muy lejos y nadar muy rápido. Aunque viven en la tierra, son expertas nadadoras y pueden bucear por un largo rato. A veces descansan mientras están sumergidas y sólo asoman los ojos fuera del agua, como si se ocultaran de nuestra mirada. Pronto, algunas de esas ranas volverán al agua para poner huevos.

Da vuelta a la página.

Contesta las siguientes preguntas.

1 **¿Cuál de los siguientes sucesos ocurre *primero*?**

○ Las ranas ponen huevos.

○ Los renacuajos desarrollan piernas.

○ Las ranas se comen a los renacuajos.

2 **¿Qué pasa *justo después* de que los renacuajos salen del huevo?**

○ Viven en el agua, entre las algas.

○ Pierden la cola y los pulmones.

○ Les crecen patas delanteras y traseras.

3 **¿Qué pasa *después* de que los renacuajos se convierten en ranas?**

○ Les crecen más patas traseras.

○ Empiezan a vivir en la tierra.

○ Usan la cola para nadar.

4 **¿Qué debe pasar *antes* de que las ranas puedan vivir afuera del agua?**

○ Deben esperar nueve días y desarrollar la cola.

○ Deben desarrollar los pulmones para respirar aire.

○ Deben descansar asomando los ojos afuera del agua.

5 **"Los renacuajos y las ranas comen alimentos diferentes". ¿Qué detalle de la lectura confirma que esa oración expresa un hecho?**

____

____

____

____

____

Nombre _______________________________

Lee la lectura y contesta las preguntas que le siguen.

La Fiebre del Oro

John Sutter llegó al oeste en 1839. Compró tierras en California y construyó un fuerte donde los viajeros encontraban un sitio seguro para pasar la noche. Además, Sutter producía alimentos y los vendía entre los vecinos del fuerte y las nuevas familias que se mudaban al oeste. Quería ganar mucho dinero.

Otro hombre, llamado James Marshall, construyó un aserradero dentro del fuerte. Allí, cortaba la madera que luego se usaba para construir cercos, casas y otros edificios. Así fue como la zona del fuerte empezó a llamarse *Sutter's Mill*, es decir, "El aserradero de Sutter". En 1848, Marshall halló oro en un río cercano. Sutter y él quisieron mantener el descubrimiento en secreto porque temían que sus trabajadores los abandonaran para ir en busca de oro. Y así fue.

No es fácil guardar secretos. Sólo un año después, miles de personas llegaron al oeste en busca de oro. La Fiebre del Oro empezó en 1849. Por eso, los buscadores de oro fueron llamados "los del cuarenta y nueve". En poco tiempo, Sutter y Marshall se quedaron sin trabajadores, sin mercancías que vender y sin dinero. Ambos murieron muy pobres.

Da vuelta a la página.

Contesta las siguientes preguntas.

1 **¿Cuál de las siguientes oraciones expresa una opinión?**

○ No es fácil guardar secretos.

○ La zona empezó a llamarse *Sutter's Mill*.

○ Miles de personas llegaron al oeste en busca de oro.

2 **¿Cuál de los siguientes sucesos pasó *primero*?**

○ Empezó la Fiebre del Oro.

○ James Marshall construyó un aserradero.

○ John Sutter compró tierras en California.

3 **¿Qué pasó *después* de que James Marshall encontrara oro?**

○ John Sutter construyó un fuerte en California.

○ Muchas personas se mudaron a California.

○ La gente compró madera en el aserradero.

4 **¿Qué ocurrió con Sutter y Marshall *después* de la Fiebre del Oro?**

____

____

5 **¿Cómo sabes que el fuerte se construyó *antes* que el aserradero?**

____

____

____

____

Nombre _______________________________

Lee la lectura y contesta las preguntas que le siguen.

Aquí viene el Sol

La Tierra gira alrededor del Sol. Podemos ver el Sol cuando está de nuestro lado del mundo. Cuando se ubica del otro lado, vemos el cielo oscuro.

Deberíamos alegrarnos de ver el Sol todos los días. ¡El Sol hace tantas cosas por nosotros! Nos da luz natural, nos permite ver la belleza del mundo y nos brinda su calor. Es fundamental para los seres vivos.

Aunque el Sol parece una hermosa bola de fuego, en realidad es una estrella gigante y ardiente. ¡Qué divertido es aprender sobre el Sol!

Da vuelta a la página.

- -

Contesta las siguientes preguntas.

1 **¿Qué oración expresa una opinión?**

○ Podemos ver el Sol cuando está de nuestro lado del mundo.

○ Cuando se ubica del otro lado, vemos el cielo oscuro.

○ Deberíamos alegrarnos de ver el Sol todos los días.

2 **¿Qué oración de la lectura menciona un hecho?**

○ ¡Qué divertido es aprender sobre el Sol!

○ El Sol parece una hermosa bola de fuego.

○ La Tierra gira alrededor del Sol.

3 **¿Qué oración expresa una *opinión* del autor?**

○ El mundo está lleno de cosas bellas.

○ La Tierra nos resulta muy útil.

○ El Sol nos da luz natural.

4 **Menciona un dato de la lectura que indique por qué el Sol es importante para la gente.**

____

____

____

____

____

Nombre _______________________________

Lee la lectura y contesta las preguntas que le siguen.

La historia del avión

Desde el principio de los tiempos, la humanidad ha soñado con volar. Primero se crearon los globos de aire caliente. Luego se construyeron los dirigibles o zeppelines. Los dirigibles se parecían a los globos pero eran muy peligrosos porque se inflaban con gas.

El 17 de diciembre de 1903 fue un día frío y ventoso en Carolina del Norte. Dos hermanos recorrían la playa. Allí, uno de los hermanos Wright voló un avión por primera vez en la historia. El avión se llamaba *Volador.* Logró elevarse durante doce segundos y luego aterrizó suavemente en la arena. No recorrió una gran distancia, pero voló.

Los aviones han cambiado mucho desde entonces. En 1939, el primer avión con motor a reacción voló durante ocho minutos con un sólo pasajero: el piloto. Este avión funcionaba con un motor que impulsaba el aire. Con el tiempo, los aviones se hicieron más veloces y empezaron a tener lugar para muchos pasajeros. En 1962, un avión de pasajeros superó por primera vez la velocidad del sonido.

Hoy en día, quienes toman un avión deberían recordar a esos soñadores que hicieron realidad la fantasía de volar.

Da vuelta a la página.

Contesta las siguientes preguntas.

1 **¿Qué detalle nos dice por qué los dirigibles eran peligrosos?**

- ○ Se inflaban con gas.
- ○ Parecían globos de aire caliente.
- ○ Se inventaron antes que los aviones.

2 **¿Cuál de las siguientes oraciones expresa un hecho?**

- ○ Los hermanos Wright volaron en avión por primera vez.
- ○ Los hermanos Wright eran los más valientes de Carolina del Norte.
- ○ Los dirigibles eran mejores que los globos de aire caliente.

3 **¿Cuál de las siguientes oraciones expresa una opinión?**

- ○ Dos hermanos recorrían una playa de Carolina del Norte.
- ○ Los aviones a reacción tenían un motor que impulsaba el aire.
- ○ Quienes toman un avión deberían recordar a esos soñadores.

4 **¿Qué oración expresa *probablemente* lo que piensa el autor?**

- ○ Volar en avión hace 100 años era peligroso e imprudente.
- ○ La gente que soñó con volar creó un mundo mejor.
- ○ Los aviones de hoy deberían ser más veloces y llevar más gente.

5 **Escribe un hecho acerca del avión de los hermanos Wright. Explica por qué es un hecho.**

____

- -

____

____

- -

____

Nombre ________________________

Lee la lectura y contesta las preguntas que le siguen.

La vida en el rancho

Hace no mucho tiempo, existían grandes granjas llamadas ranchos ganaderos. Lo mejor de trabajar en un rancho era vivir en el campo abierto, rodeado de todos los animales. Los ganaderos criaban y vendían vacas, ovejas y caballos. Era una muy buena forma de ganar dinero.

Como las vacas, los caballos y las ovejas comen pasto durante el verano, podían alimentarse solos hasta que crecieran lo suficiente como para ponerlos a la venta. Sin embargo, como en invierno no hay tanto pasto, debían alimentarse con heno y maíz. Los ganaderos necesitaban vaqueros para que los ayudaran con los animales. Aunque les gustaba trabajar con animales, los vaqueros debían alimentarlos y darles agua sin importar las condiciones del tiempo. Cuidar vacas, ovejas y caballos era la tarea más dura del trabajo en el rancho.

Hoy en día, la mayoría de los ranchos son más pequeños. Además, los ganaderos cuentan con máquinas para hacer gran parte de las tareas. Lamentablemente, en nuestro país ya no existen grandes ranchos donde trabajan muchos vaqueros.

Da vuelta a la página.

Contesta las siguientes preguntas.

1 **¿Qué oración expresa un hecho?**

○ Las granjas grandes seguramente huelen muy mal.

○ Hace poco tiempo, existían granjas llamadas ranchos ganaderos.

○ Lo mejor de trabajar en un rancho es vivir en el campo abierto.

2 **¿Qué oración expresa una opinión?**

○ Los ganaderos criaban y vendían vacas, ovejas y caballos.

○ Las vacas, los caballos y las ovejas comen pasto durante el verano.

○ Cuidar a los animales era la tarea más dura del trabajo en el rancho.

3 **¿Qué detalle apoya la idea de que trabajar en un rancho era difícil?**

○ Podían alimentarse solos hasta que crecieran.

○ Las máquinas hacían gran parte de las tareas.

○ Había que alimentar al ganado sin importar las condiciones del tiempo.

4 **¿Qué opina el autor sobre los vaqueros?**

____

- -

____

5 **¿Qué opina el autor sobre los cambios en los ranchos ganaderos?**

____

- -

____

- -

____

- -

____

Nombre _______________________________

Lee la lectura y contesta las preguntas que le siguen.

¡Nunca comió zanahorias!

El papá de Mei Ling cocinó pollo con zanahorias para la cena.

—¡Odio las zanahorias! —dijo Mei Ling.

—¿Las has probado alguna vez? —preguntó el padre.

—¡No! —respondió la niña.

—¿Entonces cómo sabes que no te gustan? —insistió su papá.

—No parecen muy sabrosas... —dijo Mei Ling.

—Prueba una antes de decidir —dijo su papá.

A regañadientes, Mei Ling probó una zanahoria.

—Mmm —dijo—. Un poquito me gusta.

—¡Bien! Has aprendido una valiosa lección —dijo él—. Antes de decidirte, primero debes probar. ¡Tal vez te guste!

Da vuelta a la página.

Contesta las siguientes preguntas.

1 **¿Qué pasa al principio del cuento?**

- ○ Mei Ling dice que odia las verduras.
- ○ El papá de Mei Ling prepara la cena.
- ○ El papá de Mei Ling cuenta un cuento.

2 **¿Qué oración nos da la idea principal del cuento?**

- ○ ¿Has probado zanahorias alguna vez?
- ○ Antes de decidirte, debes probar.
- ○ ¿Entonces cómo sabes que no te gustan?

3 **¿Cómo descubre Mei Ling que le gustan las zanahorias?**

- ○ Prueba una zanahoria.
- ○ Se lo dice su papá.
- ○ Come toda su cena.

4 **Escribe qué sucede al principio, en el medio y al final del cuento.**

____

____

____

____

____

____

____

Nombre _______________________________

Lee la lectura y contesta las preguntas que le siguen.

En el jardín

Toño era un perro guardián que vivía cerca de un jardín. Lo protegía alejando a los animales que se acercaban a comer las verduras que crecían en la huerta, especialmente a los conejos.

Un día, Toño vio a dos conejos que salían de su madriguera bajo tierra y saltaban hacia el jardín. Inmediatamente, corrió lo más rápido que pudo, persiguiendo a los conejos.

—¡Salgan ya mismo de este jardín! —ladró ferozmente. Uno de los conejos se escapó, pero el otro se quedó congelado en su lugar.

—¡Por favor, no me lastimes! —gritó el conejo.

Toño se detuvo al descubrir que el conejo era apenas un bebé. Sintió lástima por haber asustado al pequeño conejo.

Entonces, la madre coneja salió del hoyo con otros tres conejitos. Ahora Toño entendía por qué los conejos estaban en el jardín. Decidió hacerles una propuesta:

—Si prometen no comer demasiada verdura de la huerta, no los perseguiré más.

Ahora, cada vez que Toño ve a los conejos en su jardín, mueve la cola.

Da vuelta a la página.

Contesta las siguientes preguntas.

1 **¿Qué problema tiene Toño en este cuento?**

○ Debe cuidar las flores de un jardín.

○ No le gustan las familias de conejos.

○ Debe evitar que los animales entren al jardín.

2 **¿Por qué Toño persigue a los conejos?**

○ Los conejos estaban jugando con Toño.

○ Los conejos entraron al jardín.

○ Los conejos estaban aprendiendo a comer.

3 **¿Por qué el conejo bebé se queda quieto?**

○ porque está cansado

○ porque tiene miedo

○ porque se lo pide su madre

4 **¿Cómo se siente Toño al asustar al conejito?**

○ Se pone contento.

○ Se siente cansado.

○ Se siente mal.

5 **Al final, Toño mueve la cola. ¿Cómo demuestra eso que logró resolver su problema?**

____

- -

____

____

- -

____

Nombre ___________________

Lee la lectura y contesta las preguntas que le siguen.

El bebé Teo

Teo llegó a casa en brazos de mamá. Brenda no podía dejar de mirarlo. Brenda tenía tres años y pensaba que iba a poder jugar con su hermanito. Sin embargo, tenía que quedarse muy callada mientras Teo dormía. Antes de que Teo llegara, Brenda había planeado cargarlo y vestirlo con ropas de bebé. Pero ahora se daba cuenta de que era demasiado pequeño y hacía un ruido tremendo cuando lloraba.

Dos años después, Teo ya no era un bebé. No paraba de hablar. Su frase favorita era *por qué*. "¿Por qué el cielo es azul?", "¿por qué hay que comer la cena?", "¿por qué hay que ir a la cama?".

Cuando Teo cumplió cinco años, llegó la hora de empezar a ir a la escuela, como su hermana. Teo pensaba que era súper inteligente porque sabía contar hasta seis. Brenda pensaba lo mismo. Le prometió que caminarían juntos a la escuela siempre y cuando Teo prometiera que no le soltaría la mano. Esa mañana, su madre pensó: "No puedo creer que mis dos hijos ya estén en la escuela. El tiempo vuela. Muy pronto, Brenda va a estar en la universidad y Teo se graduará de la secundaria".

Da vuelta a la página.

Contesta las siguientes preguntas.

1 **¿Qué problema tiene Brenda al principio del cuento?**

○ Quiere jugar con Teo, pero es muy pequeño.

○ La ropa para bebé le queda chica a Teo.

○ Quiere ir con Teo a la escuela, pero no puede.

2 **¿Qué pasa en la mitad del cuento?**

○ Teo y Brenda van a la escuela.

○ Teo y Brenda juegan juntos.

○ Teo hace muchas preguntas.

3 **¿Por qué los dos hermanos creen que Teo es súper inteligente?**

○ Hace preguntas.

○ Va a la escuela.

○ Sabe contar.

4 **En la primera parte del cuento, ¿qué aprende Brenda sobre los bebés recién nacidos?**

____

- -

____

5 **¿Qué nos enseña este cuento acerca de las madres y sus hijos?**

____

- -

____

____

- -

____

Nombre _______________________________

Lee la lectura y contesta las preguntas que le siguen.

El columpio

Papá y Marco estaban afuera. El carro tenía una llanta
ponchada. Papá la estaba cambiando. Marco rastrillaba el
pasto.

—¿Qué vas a hacer con la llanta vieja? —preguntó Marco.

—Tiene un agujero, así que no sirve más —dijo Papá.

Marco pensó un poco. Y luego dijo:

—Mi hermanita quiere un columpio. ¿No podríamos usar
esa llanta vieja para hacer uno?

—¡Ésa es una gran idea! —dijo Papá—. Aquí tenemos una
cuerda larga y resistente.

Marco dijo:

—Sé cuál es el mejor árbol para poner un columpio. ¡Mi
hermanita va a estar muy contenta!

Da vuelta a la página.

Contesta las siguientes preguntas.

1 **¿Cuál es la idea principal de este cuento?**

○ Puedes ayudar a los demás si dices cosas amables.

○ Lo que a alguien no sirve puede ser un tesoro para otro.

○ Siempre hay más de una manera de resolver un problema.

2 **¿Qué problema tiene Papá en este cuento?**

○ No puede encontrar la cuerda.

○ El carro tiene una llanta ponchada.

○ El pasto necesita una rastrillada.

3 **¿Qué sucede en el medio de este cuento?**

○ Marco usa una cuerda larga.

○ Marco rastrilla el pasto.

○ Marco cuenta su idea.

4 **¿De qué trata *principalmente* este cuento?**

Nombre _______________________________

Lee la lectura y contesta las preguntas que le siguen.

La hermanita de José

—José, por favor cuida a la beba por un rato —dijo
Mamá—. Yo ahora tengo que ir a preparar la cena, pero voy a
estar acá cerca, en la otra habitación. Llámame si me necesitas.

José dejó el libro que estaba leyendo y miró a su hermana.
La beba estaba en el suelo, sobre una manta suave. Se
esforzaba por tomar un elefante de peluche, pero le quedaba
un poquito lejos. José observó cómo la beba lo intentaba varias
veces. No se rendía.

José recordó las palabras de su padre. Siempre decía que
a veces debemos esforzarnos para obtener lo que queremos.
Entonces, José pensó en cómo se sentiría si fuera un bebé que
no logra alcanzar un juguete.

José se levantó y puso el elefante un poco más cerca de su
hermanita. Ahora, si se esforzaba un poco, podría alcanzarlo.
Cuando su hermana por fin tomó el elefante y se rió, José se
puso muy feliz de haber podido ayudarla. Retomó su lectura
mientras la beba jugaba con el muñeco.

Da vuelta a la página.

Contesta las siguientes preguntas.

1 **¿Cuál es la idea principal de este cuento?**

○ La vida está llena de pequeñas sorpresas.

○ Todo el mundo le tiene miedo a algo.

○ Trabaja duro para lograr lo que deseas.

2 **¿Qué problema tiene la hermana de José?**

○ No se puede parar sola.

○ No puede ver a su mamá.

○ No puede alcanzar el juguete.

3 **¿Quién ayuda a la beba a resolver su problema?**

○ José

○ Papá

○ Mamá

4 **¿Qué pasa al final del cuento?**

○ Mamá se va a otra habitación a hacer la cena.

○ José recuerda las palabras de su papá.

○ La beba juega con el elefante de peluche.

5 **¿De qué trata *principalmente* este cuento?**

____

- -

____

____

- -

____

Nombre _______________________________

Lee la lectura y contesta las preguntas que le siguen.

Una buena ayuda

Sara pensó en todo lo que su mamá hacía en la casa. Lavaba la ropa y los platos de toda la familia y mantenía la casa limpia y ordenada. Cocinaba y se aseguraba de que nunca faltara comida para nadie. También se hacía siempre un ratito para ayudar a Sara con su tarea, incluso cuando estaba cansada. ¡Sara pensaba que su mamá era la mejor mamá del mundo!

Sara ordenaba su cuarto todos los días, pero se dio cuenta de que también vivía en el resto de la casa. Sintió que era hora de hacer algo más para ayudar a su mamá con las tareas del hogar. Pensó en algunas cosas que podría hacer todos los días y en otras que podría hacer una vez por semana.

No le comentó a su madre qué tareas iba a realizar. Simplemente empezó a ocuparse un poquito más del cuidado de la casa. Guardaba juguetes y ayudaba a preparar la cena. Se sintió muy orgullosa cuando, una noche, su mamá le dijo:

—Quiero agradecerle a mi ayudante sorpresa. ¡Sara, has hecho mi trabajo mucho más fácil!

Da vuelta a la página.

Contesta las siguientes preguntas.

1 **¿De qué trata *principalmente* este cuento?**

○ Una niña encuentra un modo de ayudar a su mamá.

○ Una niña y su mamá se divierten cocinando.

○ Una niña nota todo el trabajo que hace su mamá.

2 **¿Qué pasa al principio del cuento?**

○ Sara prepara la cena y limpia cualquier desorden al instante.

○ Sara se enorgullece de que su mamá le agradezca su ayuda.

○ Sara piensa en las cosas que hace su mamá en la casa.

3 **¿Qué pasa al final del cuento?**

○ Mamá le agradece a Sara por su ayuda.

○ Mamá lava la ropa de la familia.

○ Mamá ayuda a Sara a hacer su tarea.

4 **Indica una tarea del hogar que Sara ya hacía antes del principio del cuento.**

____

____

5 **¿Cuál es la idea principal de este cuento?**

____

____

____

Nombre _______________________________

Lee la lectura y contesta las preguntas que le siguen.

Año Nuevo chino

Todos celebramos el comienzo de un nuevo año. Lo viejo se hace parte del pasado. Y llega un tiempo de cosas nuevas. ¡Es la mejor fiesta de todas!

El Año Nuevo es el día festivo más importante para el pueblo chino. ¡Celebran durante dos semanas enteras! Festejan en familia. Visitan a sus amigos. Agradecen a los granjeros por el alimento que cultivan. El séptimo día, ¡todos cumplen años!

El último día es el más especial. La gente sale a la calle con faroles. Se divierten juntos. Los chinos tienen la mejor manera de empezar un nuevo año.

Da vuelta a la página.

1 **¿Cuál de las siguientes oraciones expresa una opinión?**

○ Agradecen a los granjeros por el alimento que cultivan.

○ Todos festejamos el comienzo de un nuevo año.

○ ¡Es la mejor fiesta de todas!

2 **¿Cuál de las siguientes oraciones describe un hecho?**

○ La gente sale a la calle con faroles.

○ El último día es el más especial.

○ Los chinos tienen la mejor manera de empezar un nuevo año.

3 **¿Por qué el autor escribió este cuento?**

○ para que los lectores se diviertan y se rían

○ para informar sobre un día festivo

○ para sugerir a los lectores que visiten a China

4 **Escoge un hecho mencionado en la lectura. Explica por qué es un hecho y no una opinión.**

____

- -

____

- -

____

- -

____

- -

____

Lee la lectura y contesta las preguntas que le siguen.

¿Por qué dormimos?

¿Alguna vez te has preguntado por qué tienes que dormir todas las noches? Dormir es importante para el cuerpo y la mente, y soñar es divertido. Quedarse despierto hasta tarde es emocionante. Pero, después de las actividades del día, tu cuerpo se cansa. A veces, una siesta te ayuda a sentirte mejor por un rato. Sin embargo, para que tu cuerpo se mantenga sano, debes descansar toda la noche.

Dormir te ayuda a crecer y estar saludable. Debes dormir para que te vaya bien en la escuela y para poder jugar con energía. Si duermes unas diez horas todas las noches, tu cuerpo recibe el descanso que necesita.

Acostarse a la misma hora todas las noches permite que tu cuerpo aprenda cuándo es hora de descansar. A veces, los niños se quedan despiertos hasta tarde mirando televisión o jugando con la computadora. Hacer eso es muy malo. Apagar la televisión y la computadora antes de acostarse te ayuda a dormir mejor.

A algunos niños les gusta leer o jugar en la cama, pero no es una buena idea. La cama debe usarse sólo para dormir. Así, tu cuerpo sabe que cuando te acuestas es hora de dormir.

Da vuelta a la página.

Contesta las siguientes preguntas.

1 **¿Cuál de las siguientes oraciones expresa una opinión?**

○ Quedarse despierto hasta tarde es emocionante.

○ Dormir te ayuda a crecer y a estar saludable.

○ Después de las actividades del día, tu cuerpo se cansa.

2 **La cama es sólo para dormir. ¿Qué dato apoya *mejor* esta opinión?**

○ Así, tu cuerpo sabe que es hora de dormir.

○ Leer o jugar en la cama nunca es una buena idea.

○ Apagar la computadora es la mejor manera de dormir bien.

3 **¿Cuál de las siguientes oraciones expresa una opinión?**

○ Dormir es importante para el cuerpo y la mente.

○ Hacer eso es muy malo.

○ Tu cuerpo aprende que es hora de dormir.

4 **¿Por qué el autor escribió esta lectura?**

○ para contar un sueño chistoso

○ para explicar por qué es importante dormir

○ para que los lectores se queden dormidos

5 **Escoge un hecho de la lectura. Explica por qué es un hecho y no una opinión.**

____

- -

____

- -

____

Nombre _______________________________

Lee la lectura y contesta las preguntas que le siguen.

Agua en movimiento

El agua está en todos lados. Tal vez no siempre la veas, pero allí está. El agua va del suelo al aire y de vuelta al suelo. Toda el agua que habrá en la Tierra ya está aquí. Es extraño imaginar que no hay agua nueva.

En lugares como lagos, ríos y océanos, parece que el agua se queda en su lugar. El sol calienta el agua hasta convertirla en gas. Ese gas se llama vapor de agua y sube hacia el aire. No puedes ver el vapor de agua, pero está flotando sobre la Tierra. Cuando el vapor de agua se enfría, forma nubes de distintos tamaños y formas. Buscar formas en las nubes del cielo es un gran pasatiempo. Es muy interesante observar las nubes.

El agua que se enfría es más pesada que el vapor de agua. Cuando el agua de una nube se vuelve demasiado pesada para flotar, cae como lluvia o nieve. Así es como el agua pasa del aire al suelo. Lo mejor es que el agua vuelva como nieve. A todos los niños les gusta jugar afuera en el agua que se ha convertido en nieve.

Da vuelta a la página.

Contesta las siguientes preguntas.

1 **¿Cuál de las siguientes oraciones expresa una opinión?**

- ○ El sol calienta el agua hasta que la convierte en un gas.
- ○ El agua que se enfría es más pesada que el vapor de agua.
- ○ Es extraño imaginar que no hay agua nueva.

2 **¿Cuál de las siguientes oraciones es el enunciado de un hecho?**

- ○ Es muy interesante observar las nubes.
- ○ Lo mejor es que el agua vuelva como nieve.
- ○ No puedes ver el vapor, pero está flotando sobre la Tierra.

3 **¿Cuál de las siguientes oraciones expresa una opinión?**

- ○ Ese gas se llama vapor de agua y sube al aire.
- ○ Buscar formas en las nubes es un gran pasatiempo.
- ○ El agua va del suelo al aire y de vuelta al suelo.

4 **Menciona una opinión expresada en la lectura. Menciona un hecho que apoye esa opinión.**

5 **¿Por qué crees que el autor escribió esta lectura?**

Nombre _______________________

Lee la lectura y contesta las preguntas que le siguen.

Las plantas de Ana

En su cumpleaños, la mamá de Ana le regaló un paquete de semillas. Su papá le regaló una pequeña maceta roja. Ana puso tierra en la maceta y luego le agregó tres semillas. Por último, le echó un poco de agua. Puso la maceta en la ventana para que recibiera luz del sol.

Todos los días, Ana miraba la maceta. La regaba cuando la tierra estaba seca. Un día, al observar dentro de la maceta, vio algo pequeño y verde que estaba saliendo de la tierra. Al día siguiente, aparecieron dos más. ¡Ana había cultivado tres plantas!

Da vuelta a la página.

Contesta las siguientes preguntas.

1 **¿Qué detalle de la lectura menciona algo que las plantas necesitan para crecer?**

- ○ Su papá le regaló una pequeña maceta roja.
- ○ La regaba cuando la tierra estaba seca.
- ○ Vio algo pequeño y verde.

2 **¿Por qué Ana puso la maceta en la ventana?**

- ○ para darle luz del sol
- ○ para darle tierra del jardín
- ○ para darle agua del fregadero

3 **¿Qué pasa cuando las semillas empiezan a crecer?**

- ○ La tierra café mancha la ventana.
- ○ Las plantas salen de la tierra.
- ○ El calor del sol rompe la maceta.

4 **¿Por qué Ana mira la maceta todos los días?**

____

____

____

____

Nombre _______________________________

Lee la lectura y contesta las preguntas que le siguen.

Nueces para el invierno

Miguel era una ardilla que vivía con otras tres ardillas en el tronco de un roble. Una hermosa mañana de verano, Miguel recogió las nueces que habían caído de los árboles y las llevó a su madriguera del roble, porque sabía que debía almacenar comida para el invierno.

En otro árbol vivía Esteban, una ardilla que jugaba todo el día. Un día, Esteban vio que Miguel recogía nueces.

—Juguemos a las escondidillas, Miguel —dijo Esteban.

—No tengo tiempo. Debo juntar nueces —dijo Miguel.

—Tú deberías hacer lo mismo —dijeron las otras ardillas, pero Esteban las ignoró y siguió jugando.

Cuando llegó el invierno, el suelo se cubrió de nieve. Desde su abrigado árbol, Miguel vio que Esteban escarbaba la nieve en busca de comida. Las ardillas dijeron a coro:

—¡Ay, Esteban! Te lo advertimos.

Esteban se veía tan triste y hambriento que Miguel sintió lástima por él y decidió invitarlo a comer.

—Gracias, Miguel. He aprendido la lección —dijo Esteban—. Te devolveré estas nueces en primavera.

Miguel sonrió y comió un poco más.

Da vuelta a la página.

Contesta las siguientes preguntas.

1 **¿En qué época del año Esteban aprende una importante lección?**

○ primavera

○ verano

○ invierno

2 **¿Por qué Miguel lleva nueces a su roble?**

○ Las nueces son regalos para sus amigos.

○ Las nueces son su comida para el invierno.

○ Las nueces hacen que su casa se vea más bonita.

3 **¿Qué hace que Miguel sienta lástima por Esteban?**

○ Miguel vio que Esteban estaba triste y hambriento.

○ Miguel sabía que Esteban quería jugar todo el día.

○ Miguel quería que Esteban comiera con él.

4 **Cuando Esteban busca nueces, ¿qué efecto tiene la nieve?**

○ Le permite encontrar muchas nueces.

○ No le permite encontrar nueces.

○ Le permite compartir las nueces con sus amigos.

5 **Al final del cuento, ¿por qué Esteban se siente agradecido?**

Nombre _______________________

Lee la lectura y contesta las preguntas que le siguen.

El cambio del bravucón

Rodrigo vive en Ohio. Es un bravucón y trata mal a los otros niños. Todos sus compañeros de tercer grado le tienen miedo.

Un sábado por la mañana, dos amigos, Pedro y Manuel, fueron al parque a jugar al béisbol. De pronto, Pedro dijo:

—¡Ay, no! Ahí viene Rodrigo.

Los niños fingieron no verlo, pero no funcionó. Rodrigo le sacó la pelota a Pedro y la lanzó al estanque.

—¿Por qué eres tan malo? —preguntó Manuel a Rodrigo.

Por unos segundos pareció que Rodrigo no iba a contestar. Luego dijo, con tristeza:

—Es que nadie quiere jugar conmigo.

—¿Quieres jugar con nosotros? —lo invitó Pedro.

En la cara de Rodrigo apareció una gran sonrisa. Se acercó al estanque y logró sacar la pelota. Los tres niños jugaron toda la mañana. Más tarde, Rodrigo les dio las gracias, se despidió y se alejó silbando.

Pedro se rascó la cabeza y miró a Manuel.

—Por lo visto, si uno es amable puede lograr grandes cosas —dijo Manuel.

Da vuelta a la página.

1 **¿Por qué los demás niños le tienen miedo a Rodrigo?**

○ Rodrigo es muy callado.

○ Rodrigo es nuevo en la ciudad.

○ Rodrigo es malo con ellos.

2 **Rodrigo *probablemente* lanza la pelota al estanque**

○ para que Pedro y Manuel no puedan alcanzarla.

○ para que Pedro y Manuel vean cómo se hunde.

○ para que Pedro y Manuel vean que él lanza mejor.

3 **¿Por qué Rodrigo saca la pelota del estanque?**

○ Rodrigo quiere escaparse de allí.

○ Rodrigo quiere llevársela a su casa.

○ Rodrigo quiere jugar al béisbol.

4 **¿Por qué Pedro invita a jugar a Rodrigo?**

____

- -

____

- -

____

- -

____

5 **¿Qué hacen Pedro y Manuel cuando ven a Rodrigo en el parque?**

____

- -

____

Nombre ______________________________

Lee la lectura y contesta las preguntas que le siguen.

Capitán

Mañana es el día en que el maestro dirá quién va a ser capitán del equipo de béisbol. Mario quería ser capitán. Quería tanto ser capitán, que no pensaba en otra cosa. Había soñado con ser capitán. Había hablado de ser capitán.

Al día siguiente, el maestro dijo:

—Este año, Guillermo será el capitán.

Mario estaba muy, muy triste, pero Guillermo le caía bien. Guillermo iba a ser un buen capitán. Mario decidió que jugaría lo mejor posible. Sería el mejor jugador del equipo. De esa manera, se sentiría feliz aunque no fuera el capitán.

Da vuelta a la página.

Contesta las siguientes preguntas.

1 **¿Qué pasa al principio del cuento?**

○ Mario quiere ser el capitán del equipo.

○ Mario quiere ser el mejor jugador del equipo.

○ Mario está triste porque Guillermo es el capitán.

2 **Al final, ¿por qué quiere Mario ser el mejor jugador del equipo?**

○ para demostrarle a Guillermo quién es el mejor

○ para sentirse mejor por no ser el capitán

○ para demostrar que él debería ser el capitán

3 **¿Cuál es la idea principal del cuento?**

○ Si deseas algo con todas tus fuerzas, lo obtendrás.

○ Si deseas algo, siempre terminarás decepcionado.

○ Aunque no cumplas tu deseo, trata de sentirte feliz.

4 **Vuelve a contar el cuento con tus propias palabras.**

Nombre ________________________________

Lee la lectura y contesta las preguntas que le siguen.

José aprende a pescar

José y su abuelo vivían en Texas. Un día fueron a pescar al lago. El abuelo era un pescador experto. Hasta había ganado premios.

Primero, el abuelo le enseñó a José a poner la carnada en el anzuelo. Usó un gusano. Después, le enseñó a lanzar el anzuelo bien lejos en el lago, donde estaban los peces. Por último, le enseñó a lograr que la carnada se moviera en el agua para atraer a los peces. En un santiamén, José estaba pescando.

—¡Picó uno! —exclamó José mientras su caña de pescar se doblaba como una barra de goma.

—Tira suavemente de la caña para que no se escape —dijo su abuelo.

José atrajo al pez lentamente. El abuelo lo sacó del agua con una red. Luego, lo liberó del anzuelo y lo echó de vuelta al agua.

—¿Por qué hiciste eso? —preguntó José, confundido.

—Para que el pez pueda crecer más. Es lo que llamamos "pesca y devolución" —dijo el abuelo.

—¡Quiero pescar un pez devuelto! —dijo José.

El abuelo rió.

Da vuelta a la página.

Contesta las siguientes preguntas.

1 **¿Cómo sabe José que su abuelo es un buen pescador?**

○ Le gustaba comer pescado.

○ Ganó premios por pescar.

○ Pescaba en el lago.

2 **¿Qué es lo primero que tiene que aprender José para poder pescar?**

○ cómo mover la carnada en el agua

○ cómo lanzar la carnada al agua

○ cómo poner el gusano en el anzuelo

3 **¿Por qué se dobló la caña de José?**

○ para atraer peces en el agua

○ porque el abuelo usó la red

○ porque un pez tiró de su línea

4 **¿Por qué el abuelo devuelve el pez al lago?**

○ porque no puede comérselo

○ para que el pez pueda crecer

○ para que el lago tenga más peces

5 **¿Qué quiere decir José cuando dice que quiere pescar un "pez devuelto"?**

____

____

____

____

Nombre _______________________________

Lee la lectura y contesta las preguntas que le siguen.

El primer día de escuela de Sara

La familia de Sara acababa de mudarse a California. Era su primer día en la nueva escuela.

El sonido de la campana avisó a los estudiantes que era hora de ir a clase. Sara estaba perdida. Sentía que caminaba en círculos. No lograba encontrar el salón de clases.

—¿Eres nueva? Parece que necesitas ayuda. Me llamo Juan —dijo un niño de ojos café y le estrechó la mano.

—Me llamo Sara —dijo ella, dándole la mano—. Creo que estoy perdida. Busco la clase de ciencias de tercer grado.

—Yo estoy en esa clase. Te acompaño —dijo Juan.

Los dos nuevos amigos caminaron por un corredor hasta llegar el salón. En el recreo, Juan le mostró toda la escuela a Sara. Durante el recorrido, conversaron acerca de la ciudad. Juan le explicó dónde estaban el parque y la biblioteca.

Al final del día, Sara se despidió de Juan.

—Hoy me salvaste la vida —dijo.

—No es nada —dijo Juan—. Mañana te diré dónde debes ir para probar el mejor helado de la ciudad.

Sara sonrió entusiasmada.

Da vuelta a la página.

Contesta las siguientes preguntas.

1 **¿Qué problema tiene Sara?**

○ No sabe cómo hacer amigos.

○ Extraña su escuela de Utah.

○ Se pierde en su nueva escuela.

2 **¿Cómo supo Juan que Sara necesitaba ayuda?**

○ Sara estaba en otro edificio.

○ Sabía que Sara era nueva.

○ Esa mañana sonó la campana.

3 **¿Qué le dijo Juan a Sara al final del cuento?**

○ su nombre

○ dónde estaban el parque y la biblioteca

○ dónde estaba la clase de ciencia

4 **¿Por qué Sara dice que Juan le "salvó la vida"?**

____

- -

____

- -

____

5 **¿Por qué sonríe Sara cuando Juan le dice "mañana te diré dónde debes ir para probar el mejor helado de la ciudad"?**

____

- -

____

- -

____

Nombre ___________________________

Lee la lectura y contesta las preguntas que le siguen.

Bomberos valientes

Tobías fue a la biblioteca para leer un libro. Le gustaba leer sobre los bomberos. De grande, quería ser bombero. Pensaba que ser bombero era apasionante. Se imaginaba conduciendo un camión rojo con la sirena encendida.

Tobías sabía que los bomberos eran valientes. Protegían a la comunidad.

Justo en ese momento, oyó un fuerte ruido. Vio que la gente se asomaba a las ventanas para ver qué pasaba. Él también corrió a la ventana. Vio pasar un camión de bomberos. No sabía adónde iban. Pero sí sabía que iban a ayudar a alguien.

Da vuelta a la página.

Contesta las siguientes preguntas.

1 **¿Dónde se desarrolla este cuento?**

- ○ en una casa
- ○ en una biblioteca
- ○ en una escuela

2 **¿Cuál es la idea principal de este cuento?**

- ○ Las personas corren cuando escuchan sonidos fuertes.
- ○ Leer es una destreza importante que debes aprender.
- ○ Los bomberos protegen y ayudan a la comunidad.

3 **Tobías lee un libro sobre los bomberos *probablemente* porque**

- ○ no encuentra ningún cuento sobre deportes.
- ○ cuando sea grande quiere apagar incendios.
- ○ sabe que debe aprender a apagar incendios.

4 **¿Cómo se siente *probablemente* Tobías cuando escucha el camión de bomberos? Explica tu respuesta.**

____

____

____

____

Nombre _______________________________

Lee la lectura y contesta las preguntas que le siguen.

La excursión de pesca

Juan y Gabriel vivían en Maine. Eran mejores amigos y hacían todo juntos. Un día, fueron a pescar a la playa. Pescar era su actividad favorita. Era un día muy caluroso, y Juan sacó una botella de jugo de su bolso. Después de beber el jugo, lanzó la botella vacía al mar.

—¿Por qué hiciste eso? —preguntó Gabriel, mirando a Juan con el ceño fruncido.

—Por aquí no hay botes de basura. No vi ningún otro lugar donde dejar la botella vacía. Además, todo el mundo lo hace —contestó Juan.

—NO, no TODO el mundo hace eso. Si lanzas cosas al mar, lo contaminas. Los peces viven allí, y lanzar cosas al agua puede causarles daño —dijo Gabriel—. ¿Te gustaría que alguien lanzara botellas vacías en tu casa?

Juan pensó en lo que le había dicho Gabriel. Tomó su caña de pescar y la usó para sacar la botella del agua. Luego, la guardó en el bolso. Gabriel, sonriente, le dijo:

—Acabas de hacer muy feliz a un pez.

Da vuelta a la página.

Contesta las siguientes preguntas.

1 **¿Cuál es la idea principal de este cuento?**

- ○ No hay que contaminar.
- ○ No hay que perder el tiempo.
- ○ No hay que hablar demasiado.

2 **¿Dónde se desarrolla este cuento?**

- ○ en un parque
- ○ en un bosque
- ○ en una playa

3 **¿Por qué Gabriel se enoja con su mejor amigo?**

- ○ A Gabriel no le gusta que Juan contamine.
- ○ Juan le dice a Gabriel que no le gusta pescar.
- ○ Gabriel se entera de que Juan va a mudarse.

4 **¿Cuál de las siguientes palabras describe *mejor* a Gabriel?**

- ○ culpable
- ○ responsable
- ○ despreocupado

5 **¿De qué manera Gabriel le da a Juan una lección acerca de arrojar basura?**

____

____

____

Nombre _______________________________

Lee la lectura y contesta las preguntas que le siguen.

Dos lecciones importantes

¡CRAC! La lámpara de la sala de estar cayó al piso y se hizo pedazos. Sandra sabía bien que no debía lanzar una pelota de futbol, o cualquier otra pelota, dentro de la casa. "Estoy en problemas", pensó. Barrió los restos de la lámpara y los tiró en el bote de basura que estaba afuera. Sabía que, si su mamá descubría lo que había pasado, recibiría un regaño. "No quiero que me castigue. Mañana es el desfile de la escuela secundaria".

Por la tarde, antes de que su madre entrara en la sala de estar, Sandra entró a escondidas y encendió la luz que colgaba del techo. Con una extraña mirada, su mamá se sentó a leer.

—¿Cómo te fue hoy? —preguntó.

—No fue mi culpa —contestó Sandra de inmediato.

—Sandra, ¿qué pasó? —preguntó su mamá desconcertada.

Los ojos de Sandra se llenaron de lágrimas mientras le contaba sobre la lámpara rota.

—Estás castigada por una semana —dijo su mamá—. Por lanzar la pelota dentro de la casa y por romper la lámpara. Pero también debes pensar en cómo intentaste ocultar tu error.

"Aprendí dos lecciones", pensó Sandra. "Seguir las reglas y ser honesta. Si lo hubiera hecho, podría ir mañana al desfile".

Da vuelta a la página.

1 **¿Por qué Sandra lleva afuera los restos de la lámpara?**

○ Siempre debe limpiar lo que ensucia.

○ No quiere meterse en problemas.

○ Debe barrer la sala de estar todos los días.

2 **¿Qué palabra describe *mejor* las acciones de Sandra en el cuento?**

○ valiente

○ descuidada

○ celosa

3 **¿Cuál es la idea principal de este cuento?**

○ Es difícil engañar a tu mamá.

○ Es divertido hacer cosas nuevas.

○ Es importante ser honesto.

4 **¿Cómo se siente la mamá de Sandra al enterarse de lo que pasó?**

____

____

____

____

5 **¿Cómo se siente Sandra al final del cuento?**

____

____

____

____

Nombre _______________________

Lee la lectura y contesta las preguntas que le siguen.

Oso pierde su cola

Hace mucho tiempo, Oso tenía una larga y hermosa cola. Decía que era la cola más bella de todas. Esto enojaba mucho a Zorro. Por eso, Zorro decidió jugarle una broma.

Zorro sabía que a Oso le gustaba comer pescado. Entonces, tomó unos pescados y los llevó hasta la laguna helada. Luego, se sentó junto a un agujero en el hielo. Al pasar a su lado, Oso quedó impresionado por los peces que tenía Zorro. Y Zorro le dijo que los había atrapado con la cola.

Oso metió la cola en el agujero, y la cola se le congeló. Al pararse, la cola se quebró. Y ahora la cola de Oso es cortita.

Da vuelta a la página.

Contesta las siguientes preguntas.

1 **¿Qué palabra describe *mejor* a Zorro?**

○ cómico

○ valiente

○ astuto

2 **¿De qué se trata principalmente el *primer* párrafo?**

○ La cola de Oso se congela y cae.

○ A Zorro le molesta que Oso sea presumido.

○ Zorro le dice a Oso cómo atrapar peces.

3 **¿De qué se trata principalmente el *último* párrafo?**

○ Zorro finge pescar en la laguna.

○ Oso pierde su cola cuando la mete en el agujero.

○ Oso dice que su cola es la más bella de todas.

4 **Escribe otro título para este cuento.**

Nombre _______________________________

Lee la lectura y contesta las preguntas que le siguen.

Santiago y el dragón

En un lejano bosque vivía un dragón muy malvado. El feroz dragón espantaba a todos los que trataban de entrar al bosque, menos a Santiago.

Un día, en el castillo del Rey Rocco, Santiago conoció a la Princesa Jimena y se enamoró de ella.

—Quiero pedir la mano de su hija —le dijo Santiago al rey.

—Te dejaré casarte con ella si me traes un diente de dragón —dijo el rey.

Santiago aceptó el trato y se marchó al bosque. Cuando el dragón lo vio, lanzó fuego y humo por su nariz. Santiago casi se quema, pero logró esconderse detrás de una roca. Desde ahí espió al dragón y se sorprendió al ver que estaba llorando.

—¿Qué te pasa? —le preguntó Santiago.

—Tengo una astilla en mi pata trasera.

Santiago le sacó la astilla al dragón. Luego, le contó el desafío del Rey y le pidió uno de sus dientes. El dragón sacó de su bolsillo un diente viejo y se lo entregó.

Santiago volvió al castillo con el diente. Y esa misma noche le pidió a la Princesa Jimena que se casara con él.

Da vuelta a la página.

Contesta las siguientes preguntas.

1 **¿Dónde se desarrolla este cuento?**

- ○ en un bosque
- ○ en la playa
- ○ en la montaña

2 **¿Qué pasa al *principio* del cuento?**

- ○ Santiago se esconde tras una piedra.
- ○ Santiago se enamora de la hija del rey.
- ○ Santiago lleva un diente de dragón al castillo.

3 **¿Qué pasa en el *medio* del cuento?**

- ○ El dragón trata de espantar a Santiago.
- ○ El dragón le da a Santiago un diente.
- ○ El dragón trata mal al rey.

4 **¿Qué pasa al *final* del cuento?**

- ○ Santiago conoce a la Princesa Jimena en el castillo.
- ○ Santiago y el dragón se ayudan el uno a otro.
- ○ El dragón le lanza fuego y humo a Santiago.

5 **¿Cuál es la idea principal de este cuento?**

Nombre _______________________

Lee la lectura y contesta las preguntas que le siguen.

Cuando el ratón conoció a la serpiente

El ratón Pipo vivía en el bosque. Un día, se encontró con una serpiente que estaba atrapada bajo un árbol caído. Pipo quiso escapar, pero la serpiente dijo:

—Por favor, ayúdame. No puedo moverme.

—Si te libero, me comerás —dijo Pipo.

—Prometo que no te comeré —dijo la serpiente.

Pipo sintió lástima por la serpiente. Con sus dientes, hizo un hoyo en el árbol y la serpiente pudo salir.

—Mi nombre es Susi. Si alguna vez necesitas ayuda, llámame y acudiré —dijo la serpiente y luego se marchó.

Al día siguiente, Pipo estaba comiendo un poco de queso en la cabaña del señor Sánchez. De repente, quedó atrapado en una ratonera. Su cola estaba atorada. No sabía qué hacer. Entonces, recordó las palabras de la serpiente y gritó:

—¡Susi! ¡Susi!

Poco después, Susi llegó a la cabaña y liberó a Pipo de la ratonera.

—Gracias —dijo Pipo—. Me salvaste la vida.

—Ahora estamos a mano, amigo mío —dijo Susi, y se marchó deslizándose.

Da vuelta a la página.

Contesta las siguientes preguntas.

1 **¿De qué se trata *principalmente* el principio del cuento?**

- ○ Pipo hace un hoyo en el árbol.
- ○ Susi está atrapada bajo un árbol.
- ○ Susi ayuda a Pipo a escapar de la ratonera.

2 **¿Qué par de palabras describen *mejor* a Susi y Pipo?**

- ○ hambrientos y solitarios
- ○ enojados y egoístas
- ○ amables y buenos

3 **¿Cuál de estas oraciones apoya *mejor* la idea de que los ratones y las serpientes son enemigos?**

- ○ Por favor, ayúdame.
- ○ Si te libero, me comerás.
- ○ Ahora estamos a mano.

4 **Escribe otro título para este cuento.**

____

____

____

5 **¿Cuál es la idea principal de este cuento?**

____

____

____

Nombre _______________________

Lee la lectura y contesta las preguntas que le siguen.

Las mascotas de Lucía

Lucía tiene un gato, un perro y un pez. El que más le gusta es el gato. Su gato es bonito. Tiene un suave pelaje blanco y negro. Se limpia solo todo el día. El gato está sobre la cama de Lucía.

Lucía piensa que su pez es aburrido. Que solamente nada, y que ella no puede acariciarlo.

Lucía piensa que su perro es apestoso. El perro corre mucho por el jardín. Se ensucia. Siempre pierde pelo. Lucía piensa que su gato es más inteligente que su perro. No quiere otro perro. Los perros necesitan muchos cuidados.

Da vuelta a la página.

Contesta las siguientes preguntas.

1 **¿Cuál es la mascota favorita de Lucía?**

- ○ el pez
- ○ el gato
- ○ el perro

2 **¿Qué piensa *probablemente* Lucía sobre los gatos?**

- ○ Deben vivir siempre afuera.
- ○ Vivir con un gato trae problemas.
- ○ Cuidar a un gato es fácil.

3 **¿En qué se *parecen* el gato y el perro de Lucía?**

- ○ Los dos tienen mucho pelo.
- ○ Los dos son bastante limpios.
- ○ Los dos son muy inteligentes.

4 **Escribe dos *diferencias* entre el gato y el perro de Lucía.**

Nombre ________________________

Lee la lectura y contesta las preguntas que le siguen.

Feliz cumpleaños

Hoy, mi amiga Eva festejó su cumpleaños en la escuela. Eva es de Dinamarca. Nos contó que en su país, cuando alguien cumple años, se cuelga una bandera de una de las ventanas de la casa. También nos contó que los regalos se ponen alrededor de la cama mientras el niño duerme, así se sorprende al despertar. Eso suena divertido.

La maestra nos dijo que los cumpleaños comenzaron a festejarse hace mucho tiempo, en Europa. Según la tradición, la gente llevaba regalos a sus amigos y familiares como muestra de sus buenos deseos.

Mi amiga Yara es de Brasil. Nos contó que, en su país, a los niños se les da un tirón de orejas por cada año que cumplen. Además, el cumpleañero le ofrece la primera porción de pastel a su mamá, a su papá o a su mejor amigo.

En China, donde yo nací, los padres les regalan dinero a los niños por su cumpleaños y almuerzan fideos para desearle una larga vida al cumpleañero.

Es muy divertido aprender cómo celebran sus cumpleaños mis amigos de otros países. ¡Y el pastel que trajo Eva estuvo delicioso!

Da vuelta a la página.

1 **¿En qué se *parecen* los cumpleaños en Dinamarca y en China?**

- ○ las banderas
- ○ los fideos
- ○ los regalos

2 **¿Cuál es una *diferencia* de los cumpleaños en Brasil?**

- ○ El cumpleañero les ofrece comida a sus amigos.
- ○ El cumpleañero recibe tirones de oreja.
- ○ El cumpleañero hace el pastel de cumpleaños.

3 **¿Por qué en Dinamarca se coloca una bandera en la ventana?**

- ○ para agradecer los regalos de cumpleaños
- ○ para que todos sepan que alguien cumple años
- ○ para regalársela a la persona que cumple años

4 **¿Qué comida es la *misma* en los festejos de cumpleaños en Brasil y en Estados Unidos?**

- ○ manzanas
- ○ pastel
- ○ fideos

5 **¿Qué tienen en común las fiestas de cumpleaños en todas partes?**

Nombre _______________________________

Lee la lectura y contesta las preguntas que le siguen.

Diversión otoñal

—¡Abuelo! ¡Abuelo! —gritaba Anita mientras corría hacia un hombre de barba corta y gris, y cabello blanco.

—Anita, elegiste un gran día para venir a visitarme —dijo el abuelo—. Hoy es el festival de otoño. Irá todo el pueblo.

—¿Es como el festival de invierno al que fuimos el año pasado? —preguntó Anita—. Me gustó mucho. Tomé chocolate, patiné sobre hielo e hicimos muñecos de nieve en el parque. Mi parte favorita fue la guerra de bolas de nieve.

—En el festival de otoño celebramos la buena cosecha —dijo el abuelo—. Hay un baile en el granero y mucha comida para todos. ¡Casi puedo saborear el jugo de manzana! Luego, vamos a jugar a pescar manzanas con la boca.

—¿Qué es eso? —preguntó Anita.

—En una gran tina de agua se echan manzanas. La idea es sacarlas con la boca, sin usar las manos.

—Parece una tarea difícil... y húmeda —dijo Anita entre risas—. Suena divertido. ¿Sabes qué, abuelo? Me parece que yo también casi puedo saborear el jugo de manzana.

El abuelo la miró sonriendo.

Da vuelta a la página.

Contesta las siguientes preguntas.

1 **¿En qué se *parecen* el abuelo y Anita?**

   ○ Ninguno de los dos vio la nieve.

   ○ Los dos disfrutan los festivales.

   ○ Los dos saben pescar manzanas.

2 **¿En qué se *diferencia* el festival de otoño del festival de invierno?**

   ○ en que todo el pueblo participa

   ○ en que se celebra la cosecha

   ○ en que es sólo una vez al año

3 **En este cuento, *ambos* festivales celebran**

   ○ estaciones.

   ○ familias.

   ○ cumpleaños.

4 **¿En qué se *parecen* el baile y el patinaje?**

____

____

____

5 **¿Cómo se siente Anita al visitar a su abuelo?**

____

____

____

Nombre _______________________________

Lee la lectura y contesta las preguntas que le siguen.

Murciélagos

Los murciélagos son animales extraños. ¿Por qué? En algunos aspectos se parecen a las aves. Tanto los murciélagos como las aves vuelan. Ambos tienen alas. Son capaces de desplazarse por el aire.

En otros aspectos, los murciélagos son muy diferentes de las aves. Tienen pelo en lugar de plumas. Son mamíferos. No nacen de huevos.

Los murciélagos viven en zonas cálidas, pero construyen sus nidos en lugares frescos, como las cuevas. Algunos conviven con unos pocos murciélagos. Otros conviven con muchos murciélagos. Permanecen en sus nidos durante el día y salen de noche para comer.

Da vuelta a la página.

Contesta las siguientes preguntas.

1 **¿Qué oración expresa una opinión?**

○ Los murciélagos y las aves vuelan.

○ Los murciélagos son animales extraños.

○ Los murciélagos tienen pelo en lugar de plumas.

2 **El autor habla sobre las aves para**

○ demostrar que son parecidas a los murciélagos.

○ demostrar por qué son mejores que los murciélagos.

○ demostrar que las aves y los murciélagos ayudan a la gente.

3 **El autor indica cuándo comen los murciélagos para explicar por qué**

○ tienen alas.

○ vuelan de noche.

○ viven en cuevas.

4 **¿Cuál es la razón *más probable* por la que el autor escribió esta lectura?**

Nombre ______________________

Lee la lectura y contesta las preguntas que le siguen.

Peces de criadero

¿Te gusta el pescado? El pescado que comemos puede venir enlatado o ser fresco. Los océanos están repletos de peces con los que se alimentan muchos animales y personas. Seguramente sabes que muchos peces vienen del océano. Lo que probablemente no sepas es que algunos de esos pescados que tanto te gustan no fueron atrapados por pescadores en el mar o en un río, sino que nacieron y crecieron en un criadero.

El pescado de criadero no sabe tan bien como el que se saca del océano. Pero es difícil pescar lo suficiente en el mar. Hoy en día, los criaderos producen una gran cantidad de peces. Allí, los peces viven en grandes estanques. Hay máquinas o personas que los alimentan hasta que están listos para llegar a tu mesa.

Los estanques son sitios seguros donde los peces viven y crecen. Algunos consideran que los criaderos de peces son útiles para garantizar que haya alimento suficiente para todos. Otros están en contra de los criaderos, porque los peces crecen en lugares pequeños donde no pueden nadar libremente.

Siempre que haya alguien que quiera comer pescado, habrá gente dispuesta a hallar la forma de llevar uno hasta su mesa.

Da vuelta a la página.

1 **El autor empieza la lectura con una pregunta para que el lector**

- ○ piense en su propia experiencia.
- ○ piense en la gente de todo el mundo.
- ○ piense por qué el pescado es costoso.

2 **¿Qué oración expresa una opinión?**

- ○ En los criaderos, los peces viven en grandes estanques.
- ○ El pescado de criadero no sabe tan bien como el del mar.
- ○ En los criaderos hay máquinas que alimentan a los peces.

3 **¿Cuál es el propósito del autor en el *segundo* párrafo?**

- ○ informar sobre diferentes tipos de peces comestibles
- ○ informar sobre los peces que viven en un criadero
- ○ informar cómo se sirve el pescado en diferentes países

4 **El pescado es un alimento importante. Para apoyar esta idea, el autor nos dice**

- ○ quién come pescado.
- ○ dónde viven los peces.
- ○ cómo cocinar pescado.

5 **¿Cuál es *probablemente* el propósito del tercer párrafo?**

____

- -

____

____

- -

____

Nombre _______________________

Lee la lectura y contesta las preguntas que le siguen.

La energía terrestre

Energía significa poder, capacidad de acción y movimiento. No vemos la energía, pero sí sus efectos. Un intenso viento puede mover cosas ligeras como el pasto o pesadas como las aspas de un molino. Un molino es una especie de rueda que aprovecha la energía del viento para producir otros tipos de energía. Un molino puede generar la energía necesaria para sacar agua de un pozo.

El agua es poderosa cuando se mueve rápidamente. Puede mover cosas pequeñas como una hoja o grandes como un barco. También se usa para producir otro tipo de energía. Por ejemplo, una rueda que gira impulsada por agua puede generar energía para encender luces.

En las profundidades de la Tierra existe otro tipo de energía: la energía calórica. Podemos verla en el agua que brota de una grieta, creando un manantial de agua caliente. El agua caliente despide un gas llamado vapor, que también puede hacer girar una rueda para producir más energía.

Todos los días consumimos una gran cantidad de energía en el funcionamiento de luces y televisores. Si aprovechamos mejor la energía terrestre, nuestra vida será más agradable.

Da vuelta a la página.

Contesta las siguientes preguntas.

1 **¿Cuál es el propósito del autor en el *primer* párrafo?**

○ explicar la energía producida por el viento

○ explicar la energía producida por la Tierra

○ explicar la energía producida por el agua

2 **¿Qué oración expresa una opinión?**

○ Si aprovechamos bien la energía, nuestra vida será mejor.

○ Un intenso viento puede mover cosas ligeras y pesadas.

○ En las profundidades de la Tierra se genera energía calórica.

3 **El autor escribió el tercer párrafo para explicar a los lectores**

○ la energía del viento.

○ la energía calórica.

○ la energía del agua.

4 **¿Por qué el autor dice que la energía del agua puede mover un barco?**

____

____

____

5 **¿Cuál es el propósito del autor en el último párrafo?**

____

____

____

     Nuevas lecturas Unidad 6 Semana 2 A

Nombre ______________________________

Lee la lectura y contesta las preguntas que le siguen.

El arco iris

Ayer vi un arco iris en el cielo. A veces, después de la lluvia, aparece uno. Los arco iris son de muchos colores bonitos: rojo, anaranjado, amarillo, verde, azul y violeta. Los arco iris se forman cuando la luz del sol atraviesa pequeñas gotas de agua. El agua descompone la luz, creando los colores. Para que se forme un arco iris, tiene que haber lluvia y un poquito de sol. Un arco iris no es algo de todos los días. Verlo es maravilloso. Los arco iris son muy especiales. Tómate tu tiempo para observarlos con atención.

Da vuelta a la página.

Contesta las siguientes preguntas.

1 **¿Cuál es el mejor momento para ver un arco iris?**

○ cuando hay mucho sol

○ después de la lluvia

○ después de la nieve

2 **¿Por qué el autor dice que ver un arco iris es maravilloso?**

○ porque los arco iris son bonitos

○ porque los arco iris indican que hace buen tiempo

○ porque los arco iris se forman todo el tiempo

3 **¿Qué debe haber para que aparezca un arco iris?**

○ nubes y luz

○ relámpagos y lluvia

○ agua y luz solar

4 **¿Por qué el autor dice que un arco iris no es algo de todos los días?**

____

- -

____

- -

____

____

- -

____

____

- -

____

Nombre ____

Lee la lectura y contesta las preguntas que le siguen.

El postre de Tadeo

—Nunca había visto panqueques tan raros como ésos —le dijo Tadeo a su mejor amiga—. Parecen hojas redondas.

—No son panqueques —dijo Ingrid—. Se llaman *crepas*. Cuando vivíamos en Francia, las preparábamos todos los días.

—Voy a necesitar muchas *crepas* para quedar satisfecho —dijo Tadeo, mientras se frotaba la panza.

—Te sorprenderás.

Ingrid le explicó que, en Francia, las *crepas* se sirven con distintos acompañamientos y se cubren con crema batida.

—Apuesto a que no puedes comer ni siquiera dos *crepas*.

—Eso ya lo veremos.

Ingrid tomó una *crepa*. Le agregó rodajas de manzana con una salsa de azúcar y canela. Luego, la cubrió con crema batida. Al verla, Tadeo abrió bien grandes los ojos, pero la comió toda.

Luego, Ingrid preparó una *crepa* con fresas y plátanos. La cubrió con azúcar en polvo. Tadeo ya no parecía tan feliz. Comió tres o cuatro bocados y después apartó el plato.

—Tenías razón —le dijo—. Puedo comer más con los ojos que con el estómago.

Da vuelta a la página.

Contesta las siguientes preguntas.

1 **¿Por qué Tadeo dice que los panqueques son raros?**

○ para hacer reír a Ingrid

○ para comer más de uno

○ No sabía qué eran las *crepas*.

2 **¿Por qué Tadeo dice que va a tener que comer muchas *crepas* para quedar satisfecho?**

○ Ingrid preparó muchas *crepas*.

○ Las *crepas* eran muy delgadas.

○ Tadeo no había desayunado.

3 **¿Por qué Tadeo se frota la panza?**

○ para mostrar que puede comer mucho

○ para mostrar que no se siente bien

○ para mostrar que las *crepas* son redondas

4 **¿Por qué Tadeo abre bien grandes los ojos cuando ve la *crepa* con manzanas?**

○ La *crepa* es más grande que un panqueque.

○ La *crepa* se ve más grande con los ingredientes.

○ La *crepa* con salsa de canela no sabe bien.

5 **¿Qué quiere decir Tadeo cuando dice: "Puedo comer más con los ojos que con el estómago"?**

____

- -

____

Nombre ________________________________

Lee la lectura y contesta las preguntas que le siguen.

Vuelve la temporada de manzanas

Era el primer día soleado de otoño en Nueva York. Joaquín y sus padres emprendieron su viaje anual al norte del estado.

—Hoy es mi día favorito del año —dijo Joaquín.

—El mío también —dijo su mamá—. Fue una buena temporada para las manzanas. Llovió bastante y las noches fueron frescas. Haremos deliciosas tartas de manzana.

Llegaron a un huerto llamado "Coseche usted mismo". El papá de Joaquín tomó una vara larga con una pequeña canasta en un extremo. Con ese cosechador podría cortar las manzanas de las ramas más altas.

Joaquín corrió hacia el primer árbol que encontró y juntó todas las manzanas que pudo de las ramas más bajas.

—Asegúrate de tomar solamente las que están maduras —le dijo su mamá—. No queremos tartas ácidas.

En poco tiempo, llenaron dos enormes canastas. Guardaron las manzanas en el carro y se dirigieron a la tienda para pagar. Luego, comenzaron el viaje de regreso.

Los papás de Joaquín oyeron una voz que venía del asiento trasero:

—¡Ya estoy oliendo una tarta de manzana!

Da vuelta a la página.

Contesta las siguientes preguntas.

1 **¿Por qué fue una buena temporada para las manzanas?**

○ por el otoño

○ por el clima

○ por el sol

2 **¿Quién dice "¡Ya estoy oliendo una tarta de manzana!"?**

○ la mamá de Joaquín

○ el papá de Joaquín

○ Joaquín

3 **¿Cada cuánto va la familia de Joaquín al huerto "Coseche usted mismo"?**

○ una vez por semana

○ todos los años

○ todas las primaveras

4 **¿A Joaquín le gusta cosechar manzanas? Explica tu respuesta.**

5 **¿Qué quiere decir Joaquín cuando dice que ya está oliendo una tarta de manzana?**

Nombre _______________________

Lee la lectura y contesta las preguntas que le siguen.

¡Ay! ¡Un oso!

Lucas y Mili fueron a la biblioteca para leer algunos libros sobre osos. Lucas quería aprender todo sobre los osos. Pero a Mili los osos le daban miedo.

Mientras Lucas y Mili buscaban libros sobre ese tema, oyeron un ruido... parecía un bufido. Venía de atrás de los libreros.

—¿Crees que es un oso? —preguntó Mili, asustada.

—No sé —dijo Lucas—. ¿Crees que puede haber osos en la biblioteca?

Dieron media vuelta y salieron corriendo. No pararon hasta llegar a casa. Allí, le contaron a su padre que había un oso en la biblioteca.

El padre dijo:

—¡Tal vez era sólo el Sr. Méndez, su maestro!

Da vuelta a la página.

Contesta las siguientes preguntas.

1 **¿Qué es lo *primero* que hacen Lucas y Mili?**

○ ir a la biblioteca

○ hablar con su padre

○ buscar libros sobre osos

2 **¿De qué se trata *principalmente* este cuento?**

○ Dos niños leen juntos unos libros nuevos.

○ Dos niños le cuentan a su padre que vieron un oso.

○ Dos niños se asustan al oír ruidos en la biblioteca.

3 **¿Qué pasa *después* de que Mili y Lucas creen oír el bufido de un oso?**

○ Corren hasta su casa.

○ Leen libros de terror.

○ Se quedan en la biblioteca.

4 **¿Qué pasa cuando Lucas y Mili le cuentan a su padre acerca del oso?**

____

____

____

____

____

____

Nombre ________________________________

Lee la lectura y contesta las preguntas que le siguen.

Excursión de invierno

Federica y su familia siempre pasaban las vacaciones de invierno en la Florida. Hasta ahora. Este año, sin embargo, su padre le anunció a la familia que tomarían un crucero por el golfo de México.

—Yo no quiero subirme a ningún barco. Yo quiero ir a la Florida —dijo Federica, y se fue a su cuarto a llorar.

Su mamá fue a consolarla.

—Deja de llorar —dijo, acariciándole el pelo—. Hay muchas cosas novedosas para hacer a bordo de un crucero.

Al día siguiente abordaron el enorme barco.

—Es tan grande como tres campos de futbol americano —dijo el padre de Federica mientras recorrían el barco.

—¡Mira, papá! —exclamó Federica—. ¡Hay una piscina! Federica disfrutó mucho esos días en el barco.

Una semana más tarde, el crucero regresó.

—Vamos, Federica —dijo su padre—. Ya es hora de volver a casa.

—No quiero ir a casa —dijo ella—. ¡Quiero quedarme en el barco!

Da vuelta a la página.

Contesta las siguientes preguntas.

1 **¿Qué pasa *antes* de que el cuento empiece?**

○ Todos los veranos, la familia de Federica se va de campamento.

○ Todas las primaveras, la familia de Federica siembra el jardín.

○ Todos los inviernos, la familia de Federica va a la Florida.

2 **¿Qué pasa *después* de que Federica descubre que tomarán un crucero?**

○ Dice que se va a marear con el movimiento del barco.

○ Dice que no quiere subirse a ningún barco.

○ Dice que no tiene ropa adecuada para viajar en barco.

3 **¿Qué sorprende a Federica *después* de subir al crucero?**

○ Descubre que el barco es enorme.

○ Su familia sube al barco junto con ella.

○ Su padre dice que el barco va hacia la Florida.

4 **¿Qué pasa al *final* del cuento?**

○ Federica corre a su habitación a llorar.

○ Federica no quiere irse del crucero.

○ Federica quiere nadar en la piscina.

5 **¿De qué se trata *principalmente* este cuento?**

____

- -

____

____

- -

____

Nombre _______________________

Lee la lectura y contesta las preguntas que le siguen.

El "Tazón del Pavo"

El Día de Acción de Gracias se celebró en el pueblo un gran partido de futbol americano. Por décimo año consecutivo, se enfrentaron los equipos de la Escuela Norte y la Escuela Sur. Como estos equipos siempre juegan el Día de Acción de Gracias, todos llaman al encuentro, un poco en broma, el "Tazón del Pavo". Aunque no es el último partido del año, sí es el más importante. Como las dos escuelas pertenecen al mismo pueblo, el equipo ganador será el mejor del pueblo, al menos por un año.

Después del puntapié inicial, la Escuela Norte anotó y se puso al frente. Poco después, la Escuela Sur empató el partido. Ambos equipos batallaron durante los dos cuartos siguientes. No hubo anotaciones. Cuando comenzó el último cuarto, aún seguían empatados.

Finalmente, cuando sólo quedaba un minuto de partido, uno de los jugadores del Norte hizo una anotación asombrosa. La multitud estaba feliz de que un equipo por fin anotara. Todos gritaron, incluso los de la Escuela Sur. El partido terminó. La Escuela Norte había ganado. Era el mejor equipo del pueblo, al menos hasta el próximo "Tazón del Pavo".

Da vuelta a la página.

Contesta las siguientes preguntas.

1 **De acuerdo con la lectura, ¿qué pasa todos los años el Día de Acción de Gracias?**

    ○ Dos equipos juegan el primer partido del año.

    ○ Dos equipos juegan el último partido del año.

    ○ Dos equipos juegan el mejor partido del año.

2 **¿Qué es lo primero que pasa *después* del puntapié inicial?**

    ○ La Escuela Sur deja caer el balón.

    ○ La Escuela Norte anota.

    ○ Ambas escuelas festejan.

3 **¿Cómo *termina* el partido?**

    ○ Las escuelas empatan el partido.

    ○ La Escuela Norte anota y gana.

    ○ La Escuela Sur se pone al frente.

4 **¿De qué se trata *principalmente* este cuento?**

____

____

____

5 **¿Durante qué cuartos del partido no hubo anotaciones?**

____

____

____

Nuevas lecturas   Unidad 6 Semana 4 A

Nombre _______________________________

Lee la lectura y contesta las preguntas que le siguen.

Unas flores muy alegres

Ana Lucía iba a visitar a su abuela, que vivía en las frías montañas. Como sabía que a su abuela le gustaban las flores, Ana Lucía fue a recoger algunas flores de su jardín antes de partir.

Ana Lucía vio bastante pasto. Pero Ana Lucía no quería pasto, quería flores. Vio entonces unas rosas, pero no las cortó. Las rosas podían pinchar a la abuela. Ana Lucía vio unas margaritas. Le pareció que las margaritas eran flores alegres. Cortó varias margaritas para regalárselas a su abuela. "Flores alegres para una abuela alegre", pensó.

Da vuelta a la página.

Contesta las siguientes preguntas.

1 **Según Ana Lucía, ¿cuál es la *diferencia* entre las margaritas y otras flores?**

○ Son más pequeñas y fáciles de llevar.

○ Son más coloridas y duran más.

○ Son alegres y no hacen daño.

2 **¿Por qué Ana Lucía no quiere llevar rosas?**

○ porque cree que las rosas son flores tristes

○ porque las rosas pueden pinchar los dedos

○ porque a su abuela no le gustan las rosas

3 **¿Qué ocurre al final del cuento?**

○ Ana Lucía junta unas flores para su abuela.

○ Ana Lucía busca bastante pasto para su abuela.

○ Ana Lucía planta flores en el jardín de su abuela.

4 **¿Cómo sabes que Ana Lucía cuida a su abuela?**

Nombre _______________________________

Lee la lectura y contesta las preguntas que le siguen.

Mejórate pronto

Ramiro miró el asiento que solía ocupar su mejor amigo en el autobús. Estaba vacío. Les preguntó a todos dónde estaba Juani, pero nadie lo sabía. Al llegar a la escuela, Ramiro se enteró de que Juani estaba enfermo. La maestra dijo que Juani tal vez tendría que faltar a la escuela por varios días.

Ramiro levantó la mano y le sugirió a la maestra que todos hicieran tarjetas para que Juani supiera que la clase lo extrañaba. A todos les pareció una buena idea. Cada niño tomó un papel de algún color y marcadores. La maestra les dio algunos materiales adicionales, como botones y hebras de lana.

Ramiro recortó una cara con el ceño fruncido y la pegó en el frente de la tarjeta. Luego, hizo una cara sonriente y la pegó adentro de la tarjeta. Pegó botones para hacer los ojos, y con lana hizo el cabello. Las caras eran bastante cómicas. Ramiro sabía que Juani se reiría al verlas.

Cuando la clase terminó, Ramiro reunió todas las tarjetas. Al salir de la escuela, las llevó hasta la casa de Juani y se las dio a su mamá. Ramiro se fue con la esperanza de que las tarjetas ayudarían a que Juani se mejorara pronto.

Da vuelta a la página.

Contesta las siguientes preguntas.

1 **¿Dónde está Ramiro cuando empieza a preocuparse por Juani?**

- ○ en el autobús escolar
- ○ en el salón de clases
- ○ camino a su casa

2 **¿Qué hace Juani en este cuento?**

- ○ Se muda a otra casa.
- ○ Descansa en su casa.
- ○ Visita a sus abuelos.

3 **¿Qué usa Ramiro para hacer el cabello en su tarjeta?**

- ○ lana
- ○ papel
- ○ botones

4 **Ramiro le entrega las tarjetas a**

- ○ Juani.
- ○ la mamá de Juani.
- ○ la maestra de Juani.

5 **¿En qué se *parecen* Ramiro y los otros niños de la clase?**

____

____

____

____

____

Nombre ______________________________

Lee la lectura y contesta las preguntas que le siguen.

El gran día de Laura

Era un día importante para Laura. Su hermano Jorge iba a acompañarla a la escuela porque era su último día.

—Hoy es mi graduación —le dijo a María, la vecina.

—Estoy muy orgullosa de ti —dijo María.

De camino a la escuela, Laura y Jorge se detuvieron en una tienda para comprar un pastelito.

—Hoy es mi graduación —le dijo Laura al hombre detrás del mostrador.

—¡Qué bueno! —dijo el hombre, y le regaló una galleta.

Laura y su hermano siguieron caminando.

—Hoy es mi graduación —le informó Laura al policía que los ayudó a cruzar la calle.

—Me alegro mucho —respondió el policía, sonriente.

Finalmente, Laura y Jorge llegaron a la escuela. Laura corrió a buscar a su maestra, la Sra. Parra.

—Hoy es mi gran día —le dijo Laura, orgullosa—. Es mi último día en la primaria. El año próximo voy a ser grande como ustedes, porque voy a pasar a tercer grado.

El hermano de Laura y la maestra rieron.

—Sí, Laura —dijo Jorge—. Hoy es tu gran día.

Da vuelta a la página.

Contesta las siguientes preguntas.

1 **¿Cómo se siente Laura por graduarse?**

- ○ orgullosa
- ○ asustada
- ○ triste

2 **¿Por qué el vendedor de la tienda le dio una galleta a Laura?**

- ○ Jorge compró esa galleta.
- ○ Laura va a esa tienda a menudo.
- ○ El hombre estaba contento por Laura.

3 **¿Por qué Laura le dice a todo el mundo que es su graduación?**

- ○ Quiere explicar por qué la acompaña Jorge.
- ○ Cree que nadie sabe que está en la primaria.
- ○ Está muy contenta por pasar a tercer grado.

4 **¿En qué se *parecen* María, el vendedor de la tienda y el policía?**

____

- -

____

- -

____

5 **¿Por qué el hermano de Laura y la Sra. Sánchez se ríen al final de esta historia?**

____

- -

____

____